Meinen
Apfelstrudel
sollten Sie
sich nicht
entgehen
lassen

Michael G. Fritz, 1953 in Ost-Berlin geboren, Studium der Tiefbohrtechnik, Exmatrikulation aus politischen Gründen, Arbeit als Lagerarbeiter, Beifahrer, Bibliotheksmitarbeiter; verheiratet, zwei Kinder. Lebt als freier Schriftsteller und Publizist in Dresden und Berlin. Er schreibt Romane, Erzählungen, kurze Prosa, zuletzt erschien im Mitteldeutschen Verlag der Roman „Auffliegende Papageien" (2019). Zahlreiche Auszeichnungen, 2022 Residenzstipendium am Prager Literaturhaus deutschsprachiger Autoren (Tschechische Republik) der Kulturstiftung des Freistaates Sachsen. Mehr Informationen unter www.michaelgfritz.de

mitteldeutscher verlag

Meinen Apfelstrudel sollten Sie sich nicht entgehen lassen

Michael G. Fritz

Schalom – Begegnungen in Israel

Mit einem Nachwort von Marko Martin

1. Auflage
© 2022 mdv Mitteldeutscher Verlag GmbH, Halle (Saale)
www.mitteldeutscherverlag.de
Alle Rechte vorbehalten.

Gesamtherstellung: Mitteldeutscher Verlag, Halle (Saale)

ISBN 978-3-96311-695-7

Printed in the EU

ISRAEL, WARUM AUSGERECHNET ISRAEL?

Israel definiert sich mehr als andere Länder durch die eigene Geschichte. In einem Resort in den Bergen von Galiläa lernte ich dessen Manager Ben Taubenheim kennen. Das Besondere an dem Hotel bestand darin, dass es vollkommen zugewachsen war, aber nicht nur von außen, wie man es gewöhnlich kennen mag, sondern auch von innen, das Treppenhaus des mehrstöckigen Gebäudes wurde durch Bäume ausgefüllt. Während Ben mir das Anwesen zeigte, blinkte unten in der Ebene der See Genezareth, auf dessen anderer Seite stieg der Golan zu einem mächtigen Gebirge an. Auf den steinigen Wegen hier oben wucherte tiefgrüne marokkanische Minze, in den Frühstücksräumen aller Hotels in Israel liegt sie aus, mit heißem Wasser übergossen, ergibt sie einen aromatischen, sehr kräftigen Tee. Taubenheim, ein zarter Mann, der ein Englisch mit unverkennbar deutschem Akzent sprach, zeigte mir die Ziegen, die zu dem Hotel gehörten, den Käse bereitete das Haus selbst zu. Die Ziegen, stämmiger und größer, als ich sie kannte, grasten an den Hängen, ein Bock verharrte, den Schädel mit gewaltigen Hörnern weit in den Nacken geworfen, die Augen geschlossen, als hinge er seinen Gedanken nach. Es waren archaisch anmutende Wesen, die mich fragen ließen, ob die Ziegen schon damals in dieser Gegend gewesen sein könnten, vor zweitausend Jahren, etwa zu Jesu Zeiten.

Der Mann schüttelte verwundert den Kopf, oder brachte er

mir sogar ein klein wenig Entrüstung entgegen? „Warum nur vor zweitausend Jahren?", entgegnete Ben. „Es sind die gleichen Ziegen, die schon Abraham gesehen hat, du kannst mit mehr als viertausend Jahren rechnen."

Abraham, der Stammvater der Israelis und der Christen, aber auch der Muslime – natürlich, sie denken in diesem Land in anderen zeitlichen Dimensionen als wir.

Was macht das mit einem, wenn man sich in dieser Traditionslinie sieht; ist das eine Last oder stärkt es einem den Rücken, sobald man Abraham dort weiß? Wer sind diese Israelis?

Als Schüler bestimmte neben Fußball in einer geradezu zwingenden Art Rockmusik mein Leben. Ich war ein leidenschaftlicher Rechtsaußen in meinem Fußballklub eines Ost-Berliner Vororts, und zwei Saisons lang war ich ein halbwegs passabler Rechtsaußen, bis ich anfing, samstagabends tanzen zu gehen und meine ersten Zigaretten zu rauchen. Ich erlebte die besten Rockgruppen, die es im Osten gab. Sie spielten eigene Kompositionen, aber vor allem die aktuelle Rockmusik aus dem Westen. Diese Musik hörte ich jeden Tag nach der Schule während der Hausarbeiten, die ich auf der ausklappbaren Tür meines Schreibschranks erledigte, hörte sie im amerikanischen Soldatensender AFN und auf RIAS 2. Die Sender standen nicht weit von hier, offenbar hatten die Störsender der DDR keine Chance.

Freitags am frühen Abend drangen plötzlich auf RIAS 2 andere als die gewohnten Klänge an mich heran, völlig fremde Klänge, sie gehörten zur Sabbatfeier. Der aus Griechenland stammende Oberkantor der Jüdischen Gemeinde zu Berlin Estrongo Nachama sang; ich verstand zwar nichts, doch die Stimme war so erhaben feierlich, bedeutungsschwer und dennoch ins Transzendente erhoben, dass ich nicht weghören konnte. Nachamas Gesang hallte zwischen den Wänden meines kleinen Zimmers nach, hallte in die Kammer nebenan hinein, in der ich schlief und in der wenige Jahre zuvor mein Vater gestorben war, setzte sich von da an in mir fest. Das jüdische Leben blieb für mich geradezu unsichtbar, als hätte es nie existiert; was ich darüber wusste, erfuhr ich aus dem Westfernsehen. In meiner Umgebung sprach man nicht von Juden.

Der verordnete Antifaschismus und die Weigerung der DDR-Oberen, eine Mitverantwortung für die NS-Verbrechen anzuerkennen, sind Gründe dafür, dass die Schuldigen immer auf der anderen Seite der Mauer zu suchen waren. Aber es gab auch rührende abweichende Haltungen: In Dresden, wo ich später auch wohnte (ich bin bis heute ein beharrlicher Pendler zwischen den beiden Metropolen), sah ich in den Siebzigern Leute, die morgens am 9. November aus der Straßenbahn sprangen und an dem Gedenkstein für die in der Reichspogromnacht zerstörte Synagoge, die Gottfried Semper gebaut hatte wie die weltberühmte Oper, Blumen ablegten, mit gesenktem Kopf verharrten und zurückliefen zur nächsten Straßenbahn, um weiter zur Arbeit zu fahren. Der Ritus des Alltags wurde für einen kleinen Augenblick des Innehaltens unterbrochen, in dem die DDR keine Rolle spielte. Dieses individuelle Trauern war zwar nicht verboten, ideologisch hatte man aber wenig Interesse daran, man duldete es; erwünscht war es nicht. Der Staat trauerte um die Toten des Widerstands, vor allem um die Kommunisten. Die in den Lagern ermordeten sechs Millionen Juden wurden zwar erwähnt, aber sie hatten in Deutschland keinen nennenswerten Widerstand geleistet, befanden sich deshalb nicht im Fokus des offiziellen Gedenkens der kommunistischen Sieger.

Außerdem, wahrscheinlich sogar vor allem, standen Juden im Verdacht, kosmopolitische Konterrevolutionäre oder zionistische Agenten zu sein oder am besten beides und selbstverständlich den Aggressor Israel zu unterstützen. Hatte nicht mein Lehrer Baron, der Kunstgeschichte an der erweiterten Oberschule gab, nach dem Sechstagekrieg vor uns Vierzehnjährigen hinausposaunt, Israel und den Juden würde man es schon zeigen, wenn sich nur die Araber einig wären, was sie leider nicht sind. Niemand verlangte von ihm dieses politische Statement; womit er uns indoktrinierte, war seine private Meinung, mit der er allerdings ganz *auf Linie* war. Erst im April 1990 hat die erste und einzige frei gewählte Regierung der DDR wegen der Diskriminierung der jüdischen Mitbürger um Verzeihung gebeten und sich für die offizielle DDR-Politik gegenüber dem Staat Israel entschuldigt.

Ich sah als Kind diese Bilder, Bilder, die man als Kind vielleicht nicht sehen sollte. Weil der Ausflug am Sonntagnachmittag auf den Fahrrädern mit den Eltern wegen eines wolkenbruchartigen Regens ausfiel, kam uns nichts anderes in den Sinn, als uns vor den Fernseher zu setzen, auf den meine Familie sehr stolz war, immerhin gehörte unser *Rubens* zu den ersten in der Straße. Ich erinnere mich noch, dass meinem Vater an jenem Sonntag die Gesichtszüge entgleisten, sie sich so sehr verzogen, dass seine silbernen Stiftzähne aufblitzten. Wir sahen Aufnahmen aus einem von Amerikanern befreiten Konzentrationslager, Berge von Leichen, bis aufs Skelett ausgemergelte, überraschend weiße Körper, schneeweiße Körper, kam mir in den Sinn, die mit dem Bulldozer in ein Massengrab geschoben wurden. Mein Vater bedeutete mir, mich abzuwenden, ich wusste nicht, ob von der Mattscheibe oder von ihm. Er hätte auch ausschalten können, was nahegelegen hätte, nichts wäre einfacher gewesen, aber er musste unbedingt diese Bilder sehen. Kopfschüttelnd stammelte er vor sich hin, nichts davon, nichts von dem Schicksal der Juden, gewusst zu haben, jene Formel mantraartig wiederholend, die eine ganze Generation nicht nur schlechthin gebrauchte, sondern so sehr strapazierte, dass sie ohne sie nicht mehr vorstellbar war, ja, dass sie stellvertretend für diese Generation stand. Doch welche Chance hatte denn diese Generation, vor sich selbst und den nachfolgenden zu bestehen, als jegliches Wissen darüber zu leugnen. Die jüdische Schriftstellerin und Literaturwissenschaftlerin Ruth Klüger, die drei Konzentrationslager überlebte, schreibt in ihrem Buch *weiter leben. Eine Jugend*: „Das Normale ist Feigheit, und man soll keinen für normales Benehmen verurteilen. Nur kann man nicht gleichzeitig behaupten, wir haben nichts von den Gewalttaten der Nazis gewusst, und wir haben aus Furcht oder Feigheit nichts dagegen unternommen. Entweder hatte man keinen Begriff von den KZs gehabt, oder man hatte Angst, selbst in einem KZ zu landen. Beides geht nicht."

Ich weiß bis heute nicht, ob ich den Worten meines Vaters glauben darf, der erst seit dreizehn Jahren aus dem Krieg und der russischen Gefangenschaft zurückgekehrt war und noch ungefähr ein Jahr leben sollte. Er wird, ganz ein Kind der Zeit, so lange wie möglich auf den *Endsieg* gehofft haben. Das Ende des Krieges wurde zwar ersehnt und schließlich mit Erleichterung begrüßt, aber ebenfalls als bittere Niederlage empfunden, nicht nur für das eigene Land, sondern auch persönlich. Ich hatte noch die daraus resultierende Depression unter denjenigen, die den Krieg erlebt und erlitten hatten, gespürt. Dieser Sonntagnachmittag mit dem verstimmten Vater und den Bildern zu

Bergen getürmter, toter Menschen hat sich dem Neunjährigen genauso eingebrannt wie später dem jungen Mann die Gesänge von Estrongo Nachama mit so nachhaltiger Wirkung, dass Israel für ihn ein Thema wurde, das ihn nicht mehr losließ.

Wie oft bin ich in Israel als Deutscher erkannt worden. Nie erfuhr ich Vorwürfe oder gar Anklagen, nie wurde ich in Haftung für mein Land und dessen Geschichte genommen. Auf dem Mahane-Yehuda-Markt in Jerusalem kam eine Frau auf mich zu, die mir sagte, dass sie so gern Deutsch höre und sich in dieser Sprache unterhielte, weil ihr Vater Deutscher gewesen sei, es sei auch die Sprache ihrer Kindheit. Sie hielt ihre kleine, abgeschabte Einkaufstasche mit beiden Händen fest und sah mich sehr ernsthaft an, während sie ihre Sätze formte und mich aufforderte, in meiner Sprache zu sprechen. Etwas ganz anderes vermittelt die Episode, die mein Freund, der Schriftsteller und Rundfunkjournalist Peter Kaiser, in der Gedenkstätte Yad Vashem erlebte. Er bemerkte neben sich eine junge Soldatin. Die Frau schluchzte angesichts der Holocaustgeschehnisse so sehr, dass ihr Körper bebte. Peter Kaiser reichte ihr ein Taschentuch, sie nahm es an, er aber sagte nichts zu ihr, weil er in diesem Moment an diesem Ort fürchtete, als Deutscher erkannt zu werden, und ging schnell einige Schritte weiter, ohne sich umzudrehen.

Diese beiden Erfahrungen illustrieren den Umgang von Deutschen und Israelis miteinander: Einmal die unverhohlene Zuwendung dem jeweils anderen gegenüber, schließlich kamen viele der Gründerväter des Landes am Mittelmeer aus dem deutschsprachigen Raum: Kulturelle Gemeinsamkeiten verbinden; zum anderen eine beklommene Zurückhaltung von deutscher Seite, die aus Scham an Selbstverleugnung grenzt.

1.
JEDER TAG WIE HEUTE
Ron Segal und sein erster Roman

Am Anfang war das Buch, und das Buch schickte der Verlag. Als ich es gelesen hatte, musste der Schriftsteller unbedingt eingeladen werden: ins Dresdner Erich-Kästner-Haus für Literatur, die Moderation seiner Lesung, das stand fest, übernähme ich.

Adam Schumacher, der Protagonist in Segals erstem Roman, ist ein neunzigjähriger Schriftsteller und Holocaustüberlebender. Vor den Nationalsozialisten seinerzeit nach Palästina geflüchtet, reist er nun nach vielen Jahren zurück nach Deutschland, um seine Erinnerungen aufzuschreiben. Ausgerechnet jetzt verlässt ihn sein Gedächtnis. Aber jeden Morgen, so der phantastische, an ein Märchen erinnernde Einfall des Schriftstellers, entdeckt er, dass irgendjemand seine Arbeit für ihn schon getan hat, Seite um Seite mit Text gefüllt wurde. Er ist sicher: Viel Zeit bleibt ihm nicht mehr, um das Versprechen an seine verstorbene Frau einzulösen, irgendwann wird er seine Lebensgeschichte vergessen haben: Ron Segal schreibt mit Adam Schumacher gegen das Unvermeidliche an. Aber wie spricht man über den Holocaust? Segal findet eine Möglichkeit, im Roman gehen Fakten und Fiktion ineinander über, durchdringen Mythen und Legenden einander. Der Roman wurde in Israel gefeiert, der Kritiker Omri Herzog spricht in der Zeitung *Haaretz* vom reifsten und originellsten Debüt, das er je gelesen hat.

Ron ist hoch aufgeschossen, sehr schlank und trägt einen Vollbart. Er ist wahrscheinlich der einzige israelische Schriftsteller in Deutschland, der seinen auf Hebräisch geschriebenen und ins Deutsche übersetzten Roman auch öffentlich auf Deutsch lesen kann. Rons Deutsch ist fast fehlerfrei, doch literarisches Schreiben ist nur in einer Sprache möglich, die vollkommen die eigene ist, er bleibt deshalb lieber beim Hebräischen. Der Schriftsteller erzählt, dass er das Buch geschrieben habe, um sich von dem Thema zu befreien: wenigstens ein Buch darüber schreiben und dann als zentrales Thema nie wieder! Israel bietet jede Menge Stoff, die Schoa muss für ihn nicht unbedingt noch einmal in den Fokus gerückt werden.

Ein zweites Buch entsteht bereits. Es ist eine schwarzhumorige Komödie: Katzen überschwemmen Israel aus dem Westjordanland, aus Samaria und Judäa, sie fressen nicht nur Mäuse und Hunde, sogar auch Menschen – eine Allegorie auf den Sechstagekrieg. Das Buch wird zuerst in Israel erscheinen, dann sicher auch in Deutschland.

„Lesungen wie in Deutschland sind in Israel selten. Wenn sie doch in einer Buchhandlung angeboten werden, dann geschehen sie der *Ehre wegen*, also ohne Honorar", sagt Ron und lächelt spöttisch, wird dann aber ernst: „Die Literaturförderung so wie in Deutschland gibt es in Israel nicht." Der Buchmarkt ist in Anbetracht der neun Millionen Einwohner sehr klein. Alle israelischen Schriftsteller benötigen den ausländischen Markt, wenn sie von ihren Büchern leben wollen, die Bestsellerautoren Amos Oz, Zeruya Shalev und David Grossman ebenso wie die noch unbekannten.

Wir verabreden uns für ein längeres Gespräch, einigen uns schnell auf Berlin, wo er seit 2015 wohnt, er schlägt den Diener in der Grolmanstraße in Charlottenburg vor, ein einladender Ort, zu dem man früher Speisegaststätte sagte. Es wird eine bodenständige, deutsche Küche geboten, von Königsberger Klopsen über Gulasch mit Spirelli bis zu Pfälzer Blut- und Leberwurst auf Sauerkraut, alles zu volkstümlichen Preisen.

Ich bin überrascht. „Ron, du isst Schweinefleisch?", frage ich. Es gibt auf der Speisekarte sehr viele Gerichte vom Schwein, kaum vom Rind, ebenso wenig Vegetarisches.

„Ich bin säkularer Jude", erklärt er so selbstverständlich, als hätte er die Frage erwartet. „Ich esse sehr gern Schweinefleisch. Leider bekommt man das in Israel nicht so ohne weiteres. Schweinefarmen in Israel sind ein Kapitel für sich. Es soll sie zwar geben, immerhin essen manche Israelis Schwein, Christen sowieso, aber Schweinefarmen dürfen keinesfalls Schweinefarmen genannt werden. Es ist bigott, ich weiß."

Man hat schon von Minizebrazucht gehört – ein Euphemismus, in den man sich flüchtet. Zudem ist es verboten, diese Tiere auf dem Boden zu halten. Schweine gelten als unrein, die zudem keinen Nutzen bringen – eine Auffassung, die religiöse Juden mit Muslimen teilen. Schweine dürfen nicht die Erde berühren, um sie nicht zu beschmutzen, sie werden in Ställen gezüchtet, die auf Füßen stehen.

Der Geburtsort Rehovot des 1980 geborenen Ron Segal ist eine südlich von Tel Aviv gelegene Stadt, dreißig Minuten von der Metropole am Mittelmeer entfernt. Der Name leitet sich von der Bibel ab, wo er den weiten Raum neben einem von Isaak, dem Sohn Abrahams, gegrabenen Brunnen bezeichnet. Ron war bei der Armee, bei den Sanitätern, weil er ursprünglich Arzt werden wollte. Er entschied sich dann doch für eine künstlerische Laufbahn, studierte an der *Sam Spiegel Film and*

Television School Jerusalem, vier Jahre dauerte die Ausbildung. Sein Abschlussfilm wurde auf vielen internationalen Festivals gezeigt, das von ihm verfasste Drehbuch vom Goethe-Institut ausgezeichnet.

2009 kam er mit einem DAAD-Stipendium zur Recherche an die Freie Universität Berlin, um an einem Projekt der *Survivors of the Shoah Visual History Foundation* mitzuwirken.

Während der Dreharbeiten zu *Schindlers Liste* in Krakau äußerten Überlebende den Wunsch, vor der Kamera über ihre Erinnerungen zu berichten. Angeregt dadurch initiierte der Regisseur Steven Spielberg ein Projekt zur Dokumentation von Zeitzeugenberichten des Holocausts. Es sollten Schilderungen der Überlebenden auf Video aufgenommen werden, um sie nachfolgenden Generationen als Unterrichts- und Ausbildungsmaterial zugänglich zu machen. Ungefähr fünfzigtausend Interviews wurden filmisch aufgezeichnet – die weltweit größte Interviewsammlung zum Holocaust. Zuletzt erhielt Ron Segal ein Stipendium der Akademie der Künste zu Berlin, um einen Animationsfilm aus seinem Roman *Jeder Tag wie heute* zu entwickeln.

Seine Frau Caroline lernte er kennen, als er zwischen seinen Stipendien nach Israel zurückkehrte und sein Deutsch intensivieren wollte. Er suchte einen Tandempartner. Es wurde eine Tandempartnerin. Caroline, eine Theaterwissenschaftlerin aus München, promovierte in Israel mithilfe eines Minerva-Stipendiums. Das Paar zog nach Deutschland, aber nicht in die Heimat von Caroline, sondern nach Berlin. Aber warum wählten sie ausgerechnet die Bundeshauptstadt, fragt man sich, die bis 1945 die Reichshauptstadt gewesen war, das Machtzentrum Deutschlands. Natürlich hatte Ron wegen der Stipendien immer hier in Berlin zu tun und kannte sich aus, doch vielleicht lag es auch an seiner Großmutter, die in Berlin geboren worden war und wahrscheinlich nie aufgehört hatte, Berlinerin zu sein. „Es gibt für meine Familie zwei Stolpersteine in der Goltzstraße 35", sagt Ron, „einen Stein für den Bruder meiner Großmutter, einen für deren Mutter. Beide wurden nach Riga deportiert, dort gleich nach der Ankunft ermordet und in einem Massengrab verscharrt."

Er erwähnt die Stolpersteine nicht ohne eine gewisse Genugtuung, die die Einwände gegen diese Form der Erinnerungskultur plötzlich belanglos werden lassen. Manche meinen, die Steine seien im Winter unter dem Schnee nicht zu sehen, andere sind der Ansicht, man träte darauf herum, wie man halt auf Pflastersteine tritt, nur dass sie eben keine sind. Aber wenn die Opfer nur ein Grab in den Lüften haben, so Paul Celan in der *Todesfuge*, erfährt man wenigstens, wo sie wohnten und damit, dass es sie überhaupt gab.

Die Großmutter von Ron, Pia, hebräisch Margalit, ist nach der Reichspogromnacht 1938 allein illegal auf einem Schiff nach Palästina ausgewandert. Da war sie sechzehn Jahre alt. Ihre Mutter und ihr Bruder haben auf ein Visum aus Südafrika gewartet, das leider nie kam. Ihren zwei Jahre älteren Mann Louis kannte sie noch aus Berlin, er wohnte gar nicht weit von ihrem Elternhaus entfernt, ebenfalls in Schöneberg, in der Bamberger Straße. Der Vater von Pia ist während der Pogromnacht an einem Herzinfarkt gestorben. Die Schwester der Großmutter kam auf den legendären Kindertransport nach Großbritannien und hat überlebt.

Natürlich ist ein solches Erbe nicht unbedingt verpflichtend, aber womöglich herausfordernd. Die junge Familie, Ron und Caroline, wohnt zwar nicht in Schöneberg wie die Großeltern, aber in Charlottenburg, was quasi um die Ecke liegt. Die Stadt ist so groß, aber Ron hat sich eine Wohnung in fast unmittelbarer Nähe des ehemaligen Quartiers von Pia und Louis gesucht. Die zweite Generation nach dem Holocaust kehrt an den Ort ihrer Großeltern zurück.

Was richtet das mit ihnen an?

In Berlin leben etwa dreißigtausend Israelis; so genau weiß das niemand. Wenn man Israel als zu eng für den eigenen Berufsweg empfindet und international Erfahrungen sammeln will, wählt man entweder New York oder Berlin: New York ist teuer und sehr weit weg, Berlin dagegen immer noch preiswert und gerade mal vier Flugstunden von Tel Aviv entfernt. Doch die Ursachen für den Wegzug aus Israel liegen tiefer, sie sind hauptsächlich in der als sozial ungerecht empfundenen Gesellschaft zu suchen. Israel ist heute weit entfernt von den Idealen des Aufbruchs, „als das Leben noch einfach und die Menschen noch gleich waren. Es gab weniger und dieses Weniger war breiter verteilt", so der israelische Soziologe Natan Sznaider in seinem Buch *Gesellschaften in Israel*. Die Eltern können heute ihren Kindern nicht ruhigen Gewissens sagen, dass sie es einmal besser haben werden. Daran kann man nicht mehr glauben.

Ron erzählt von den Protesten 2014, in dessen Mittelpunkt *Milky* stand, der beliebte Schokoladenpudding mit einer Haube aus Schlagsahne, mit dem alle Kinder irgendwann aufgewachsen sind. Es ging um den Unterschied zwischen den hohen Lebenshaltungskosten in Israel und dem preiswerteren Leben in Berlin. Ein vergleichbarer Pudding kostet in Deutschland lediglich neunzehn Cent. Die Demonstranten wählten den Pudding als Symbol, der die Botschaft überbringen sollte: Es ist schwer, heute in Israel aufzuwachsen. Viele suchen ihr Glück in einem anderen Land. Von den zahlreichen Möglichkeiten ist Berlin eine, wo es sich tatsächlich leben lässt. Aber der Preis ist hoch, den man dafür zahlt, indem man auf Freunde und Verwandte, auf seine Heimat verzichtet.

Aber wenn die Enkel der Holocaustüberlebenden hierher zurückkommen, hat Berlin vielleicht nie aufgehört, Heimat für ihre Großeltern zu sein, die dieses Gefühl an ihre Enkel weitergegeben haben. Indem die Israelis hier leben, schaffen sie eine Normalität, die Brücken baut, Brücken zwischen Deutschland und Israel, Brücken zwischen der Vergangenheit und der Gegenwart.

Pia hat mit ihrem Enkel über vierzig Jahre nach ihrer Flucht aus Deutschland in der Sprache ihrer Kindheit gesprochen; er lernte Deutsch, um Zugang zu der Welt seiner Großeltern zu finden.

Hasst sie Deutschland? Es gibt eine Hassliebe zu diesem Land, aus sicherer Entfernung kann man lieben, aber es ist keine bedingungslose Liebe.

Ron definiert sein Verhältnis zu Deutschland so: „Ich habe eine Heimat, bin aber an zwei Orten zu Hause." Deutschland nimmt in der israelischen Geschichte natürlich eine Sonderstellung ein. Schon im Kindergarten erfahren die Kleinen vom Holocaust, erfahren Zusammenhänge, die nicht nur für sie schwer zu verstehen sind. Es gibt Jom Haschoa, den Nationalfeiertag zum Gedenken an den Holocaust, der 1959 eingeführt wurde. Jom Haschoa beginnt schon am Abend des Vortags mit einem Staatsakt, am nächsten Tag um 10 Uhr ertönen im ganzen Land für zwei Minuten die Sirenen, der Verkehr erliegt, die Autofahrer steuern an den Straßenrand, um wie alle Juden der sechs Millionen Opfern zu gedenken. „Das Deutschlandbild hat sich jedoch verändert", sagt Ron bestimmt, „ganz sicher, wir wissen, von Deutschland geht keine Gefahr aus." Deutschland wird als Freund wahrgenommen, der hilft wie die anderen Alliierten. Dennoch muss sich Israel zu wehren wissen, wenn die arabischen Staaten mit Raketen oder Giftgas wie seinerzeit Saddam Hussein das Land überfallen. Mit jeder Drohung aus Teheran, jedem Anschlag, mit jedem Überfall der Hamas aus Gaza werden die konservativen Kräfte, allen voran Benjamin Netanjahu, Premierminister und Vorsitzender der Likud-Partei, mächtiger und verliert die Linke an Einfluss, die ohnehin keine große Bedeutung mehr hat. Sogar die einst mächtige Arbeitspartei, der David Ben-Gurion vorstand, der Gründervater des Staates, spielt überhaupt keine Rolle mehr. Aber dennoch gibt es Linke, zu denen sich Ron zählt. Seine Haltung ist als Antwort auf seine traditionelle Erziehung und seine ursprünglich konservative Umgebung zu verstehen, er akzeptiert jüdische Werte, ohne aber das Judentum als Religion zu praktizieren.

Manchmal indes muss Ron sich nicht entscheiden zwischen dem einen und dem anderen, zwischen jenem Tun und diesem Unterlassen, zwischen verschiedenen Kompromissen, die man in der Diaspora eingehen muss. Manchmal kann man beides tun, sobald keines von beiden das jeweils andere ausschließt. Wenn in Deutschland Weihnachten gefeiert wird, feiert die Familie mit, zu der inzwischen der anderthalbjährige Sohn Carmi gehört, hebräisch für *mein Weinberg*; genauso jedoch wird Chanukka, das Lichterfest, begangen, das der Wiedereinweihung des zweiten Tempels in Jerusalem 164 vor Christus gedenkt. Es fällt in die Adventszeit, ist besinnlich und bleibt ebenso wie das Weihnachtsfest vor allem auf den Kreis der Familie beschränkt, nur dass Chanukka wunderbare acht Tage lang dauert.

2.

ISRAEL BEGINNT IN SCHÖNEFELD

Mein Begleiter Yakob Dahan

„Du musst keine Schekel mitbringen. Wenn Du sie in Deutschland bestellst, fallen Gebühren an", schrieb mir Yakob, „am besten, Du ziehst Dir vom Automaten am Flughafen Ben Gurion das Geld, einer der beiden in der Halle ist zwar immer kaputt, aber Du kommst hier auf diese Weise bequem zu Deinen Schekeln."

Über Ron stieß ich auf meinen Briefpartner Yakob. „Er wird dir helfen können, das Land kennenzulernen", sagte Ron. Mein Briefpartner heißt mit vollem Namen Yakob Dahan, er ist Mitte vierzig, seine Eltern stammen wie er aus Tel Aviv, sind also Sabres – in Israel geborene Juden, während deren Eltern noch in der Diaspora geboren wurden: Sie waren aus Marokko und dem Jemen nach Israel eingewandert. Er hatte seinen Armeedienst absolviert, über den er nie sprach, von seiner Frau Avigail hörte ich nebenher, er sei bei einer Nachrichtenabteilung gewesen. Sie haben vier Kinder, er macht Öffentlichkeitsarbeit für eine Solarfirma, Avigail arbeitet als freie Übersetzerin aus dem Englischen.

Ich schlug Yakobs Ratschlag in den Wind, einmal weil ich auf Nummer sicher gehen wollte, man kann nie wissen, ob man sofort etwas in der Landeswährung zu bezahlen hat, zum anderen hatte ich aber noch daheim, in Ruhe also, Gelegenheit, die Geldscheine zu betrachten. Erfährt man nicht etwas über das jeweilige Land durch seine Währung? Allein das Umrechnen von der einen in die andere Währung ist ein Abenteuer, das ich mit Vergnügen auf mich nehme, was das Euro-Europa leider nicht mehr zu bieten hat. Die israelischen Geldscheine sind kleiner als die des Euros, sehr farbig und zeigen Politiker, Schriftsteller und Szenen aus der neueren israelischen Siedlungsgeschichte. Auf dem violetten Fünfzigschekelschein ist Samuel Joseph Agnon abgebildet, den ich bis dahin nicht kannte, ein aus Galizien stammender Erzähler, der auf Jiddisch und Hebräisch schrieb, einige Jahre in Berlin lebte, dann in Jaffa, und 1966 zusammen mit Nelly Sachs den Nobelpreis für Literatur erhielt. Die Rückseite, auf der die Schrift arabisch daherkommt, nehmen sein Notizbuch, Stift und seine Brille ein; die Schrift auf der Vorderseite erscheint auf Hebräisch. Auf Geldscheinen an Schriftsteller zu erinnern, beweist, dass Literatur ein wesentlicher Faktor der Identitätsbildung eines Landes ist, besonders wenn es zweitausend Jahre nicht mehr existiert und sich erst vor siebzig Jahren neu gefunden hat. Jedermann in Israel wirft einen Blick auf diesen Geldschein, wahrscheinlich täglich: Kann man sich eine engagiertere Werbung für Literatur vorstellen?

„Sobald Du den Terminal auf dem Flughafen in Schönefeld betrittst, erschrick nicht." Mein Briefpartner konnte es nicht lassen: wieder ein Ratschlag. „Die Kontrollen sind nötig", fügte er eindringlich hinzu. „Wahrscheinlich gäbe es ohne sie Israel nicht mehr. Und verschließe nicht Deinen Koffer, wenn Du ihn abgibst; die Sicherheitsleute brechen ihn sonst auf. Sie öffnen jeden."

Als ich zu unverschämt früher Stunde den Terminal betrete, eine Halle außerhalb des zu DDR-Zeiten gebauten massiven Flughafengebäudes, glaube ich, in einen Hochsicherheitstrakt geraten zu sein, den ich nicht mehr unbemerkt verlassen könnte: Mehrere Soldaten mit Maschinenpistolen im Anschlag behalten jeden einzelnen Reisenden im Auge. Gewiss bin ich längst von Kameras erfasst, meine Identität ist überprüft worden, ich würde es nie erfahren. Über der Szenerie der gut gefüllten Halle liegt eine angespannte Stimmung, die sich erst im Flugzeug lösen sollte. Beklommen setze ich meinen Gang fort, der von einem jungen Israeli in viel zu großem schwarzen Anzug gestoppt wird. An ihm komme ich nicht vorbei, um zur eigentlichen Sicherheitskontrolle vorzudringen. Er trägt eine markante Frisur, lediglich auf der Schädeldecke sprießen üppige Locken, an den Seiten ist er bis auf die Kopfhaut kahlgeschoren. Der Mann befragt mich engagiert nach meinen Vorhaben in Israel, worauf ich tief Luft hole und nachdenke, aber letztlich nichts zu antworten weiß, was ihn zufriedenstellen könnte. Was soll er mit mir anfangen? Er betrachtet mich eindringlich, während er schließlich mit verschmitztem Lächeln feststellt, ich werde bestimmt baden gehen wollen, das wollen immerhin alle, und ohne meine Antwort abzuwarten die Befragung fortsetzt: Wo ich übernachtet habe, wer meinen Koffer gepackt hat, ob jemand unbemerkt an ihn herangekommen sein könne. Und dann die merkwürdige Frage, ob ich ein Messer dabeihabe, eine Frage, auf die wohl niemand, der alle Sinne beisammenhat, mit Ja antwortet. Er verschwindet mit meinem Handgepäck so schnell in einem separaten Raum, dass ich gar nicht protestieren kann. Glücklicherweise hat mich Yakob gewarnt, ich weiß, dass ich es nicht persönlich nehmen darf.

Routine, du erlebst nichts anderes als notwendige Routine, sage ich mir.

Sobald ich das Flugzeug betrete, befinde ich mich auch schon in der Levante. Ein sprudelndes Stimmengewirr: Neben Deutsch wird Hebräisch gesprochen, hin und wieder englische Satzfetzen neben einem Lied auf Hebräisch aus den Lautsprechern. Summt nicht jemand laut mit? Draußen, in meinem märkischen Land, was wörtlich zu nehmen ist, immerhin befindet sich wenige Kilometer vom Flughafen entfernt mein Vaterhaus – im Freien beherrscht der November mit Nebel und Nieselregen das Leben, die Kälte dringt selbst auf dem kurzen Fußweg vom Bus zur Gangway unter die Kleidung. Das Leben nördlich der Alpen ist eine Zumutung, wussten bereits die Römer; dieses Wetter hat sich seit zweitausend Jahren trotz allen Klimawandels nicht verändert. Im Flugzeug aber verschwinden die Mäntel und Jacken, von einem Moment zum anderen ist Sommer ausgebrochen. Diejenigen, die sich auskennen, lehnen sich bereits im T-Shirt in die Polster. Nach einiger Zeit stehe ich auf, um mir die Füße zu vertreten, es ist unmöglich, keine Bekanntschaft zu machen. Jeder ist froh, endlich die lästigen Kontrollen hinter sich zu haben, im Flugzeug zu sitzen und die Reisezeit herunterzählen zu können. Vier Stunden, in vier Stunden ist man drüben, höre ich allenthalben. *Drüben* sagten wir früher in der DDR und meinten den anderen Teil Deutschlands, drüben war für mich Westberlin, eigentlich ist die Formulierung voller Vertrautheit, eine Sympathiebekundung, beinahe eine Liebeserklärung. Drüben war nah, trotz aller staatlich verordneter ideologischer Ferne oder vielleicht gerade deshalb. In vier Stunden bist du drüben, Mann, keine große Sache.

Ich lerne eine junge Frau kennen, sie streicht ihre dunkelblonden, dicken Haare hinter die Ohren, die immer wieder nach vorn rutschen, ihr Gesicht und die nackten Arme sind dicht an dicht von Sommersprossen überzogen. Sie lebt mit ihren zwei kleinen Kindern in Berlin, die auf den Sitzplätzen unbefangen lärmen, und ist auf dem Weg nach Israel, wohin ihr geschiedener Mann zurückgekehrt ist. Sie selbst stammt aus Hessen, zog des Studiums wegen nach Berlin. Mehrere Male im Jahr fliegt sie nach Tel Aviv, damit die Kinder ihren Vater sehen. Er ist Künstler, kein besonders bekannter, obwohl er regelmäßig ausstellt und verkauft; er verdingt sich zwar in mehreren Jobs, kann sich aber die Reise nach Berlin trotzdem nicht leisten, von den Unterhaltszahlungen will sie gar nicht reden. Die Kinder freuen sich auf ihn, aber in Berlin leben will er nicht, er müsste sich in Deutschland erst einen Namen machen, außerdem, ihre Stimme stockt ein wenig, sie glaubt, er fürchtet sich vor der täglichen Nähe zu ihr. Die Kinder werden lauter: ein Alarmzeichen für sie, die Frau entfernt sich mit einem entschuldigenden Schulterzucken. Plötzlich steht ein untersetzter glatzköpfiger Mann in weißen Turnschuhen neben mir und streckt sich ausgiebig, der mir erzählt, dass er in Berlin ein Restaurant in der Nähe eines Theaters betreibt. Die Schauspieler kommen nach der Vorstellung zu ihm und trinken seinen nicht gerade preiswerten Wein. „Ich habe eine schöne Zeit dort, man muss viel arbeiten, aber das macht nichts. Wenn nur das Wetter besser wäre." Der Wirt stammt aus Chadera, hat deutsche Wurzeln und fliegt für ein paar Tage nach Hause. Angst, frage ich, hat er Angst vor Terroristen. Er bleibt gelassen, nicht einmal sein Gesicht verdüstert sich. „Daran denke ich nicht. Wer daran denkt, hat schon verloren, außerdem: Wo auf der Welt ist man schon sicher, auch nicht in Berlin." Dann wird er doch präzise.

Freunde von ihm, Ärzte, sind früher in die Westbank gefahren, zweimal in der Woche, um die Palästinenser zu behandeln, weil es dort wenig Ärzte gab. Die Versorgung war lausig, es fehlte an den einfachsten medizinischen Einrichtungen und Medikamenten. Aber als sie in den Clubs in Tel Aviv die Selbstmordattentate erlebten, die Köpfe und Arme ihrer Freunde durch die Luft fliegen sahen, begannen sie umzudenken. So hässlich diese Mauer zwischen der Westbank und Israel auch erscheinen mag, es gibt nun viel weniger Attentate, was schließlich erreicht werden sollte.

In meinem Fenster taucht abrupt Land auf, der in der Sonne glitzernde schmale Gischtstreifen zwischen den auflaufenden Wellen und der braunen Erde zieht sich unter mir entlang bis zum Horizont. Das Flugzeug nimmt Kurs auf den Flughafen, indem es eine weit ausholende Schleife über die Stadt zieht, wodurch man eine Ahnung von ihren Ausmaßen bekommt; ihr Ende ist wegen der vielen Vorstädte nirgendwo in Sicht.

Yakob erkennt mich schon, als ich noch am Schalter vor der Schranke stehe und befragt werde, er winkt mir zu. Eine junge Frau in Uniform erkundigt sich ebenso beflissen wie barsch nach meinen Reisezielen, schnippt mir meinen Pass zu. Wenn es nach ihr ginge, so scheint's, würde sie mich nicht so ohne weiteres ins Land lassen.

„Schalom", begrüßt mich Yakob. Ich werde mit einer erfrischenden Selbstverständlichkeit umarmt. „Willkommen in Israel", sagt er. „Schön, dich kennenzulernen." Yakob hat schwarze, kurze Haare und eine getönte Hautfarbe; sein Englisch ist ihm so geläufig wie Hebräisch, ich kann ihm nicht immer folgen und muss nachfragen, was er geduldig erträgt. Das Auto bahnt sich seinen Weg durch den dichten Verkehr der Metropole, die mit der arabischen Stadt Jaffa vereinigt ist. Jaffa wurde schon in der Bibel erwähnt, wohingegen Tel Aviv geradezu jung ist mit seinen gut einhundert Jahren.

Es scheint, jeder der Einwohner führe derzeit mit dem Auto. „Die Regierung hat in den letzten Jahren viel unternommen, die Autofahrer zum Umsteigen auf die Eisenbahn zu bewegen, indem das Schienennetz ausgebaut wurde", erklärt Yakob, den linken Ellbogen auf das heruntergelassene Fenster gestützt, die Rechte entspannt am Lenkrad. Die hereinströmende Luft ist warm. „Aber wir sind leidenschaftliche Autofahrer. So schnell bringt uns davon niemand ab."

Der Preis dafür ist, dass wir nur im Schritttempo vorankommen, überall wird gebaut, trifft man auf Absperrungen, Wände aus Brettern, Blech, Plastik. Wer denkt dabei nicht an den kafkaesk-satirischen Roman *Der Blaumilchkanal* von Ephraim Kishon, in dem Kasimir Blaumilch aus der Irrenanstalt flieht und mit einem gestohlenen Presslufthammer die Straßen von Tel Aviv aufreißt, wobei ihn die Behörden in vorauseilendem Gehorsam unterstützen, bis sein Werk vollendet ist. Sein Kanal reicht dann bis zum Meer und führt Wasser quer durch die Stadt. So weit wird es nicht kommen, aber hinter der chaotisch anmutenden Fülle von Bauvorhaben scheint ein dunkles Geheimnis zu stehen. Die Straßenschilder tragen hebräische, arabische und englische Schriftzeichen, an Baustelleneinfahrten finde ich improvisierte Schilder mit kyrillischen Buchstaben. Tage später werde ich einen Taxifahrer kennenlernen, der nur Russisch spricht, er siedelte vor mehreren Jahren über und beherrscht lediglich seine eigene Sprache, was offenbar völlig ausreicht, er muss sich nur die Anschrift sagen lassen, den Stadtplan hat er im Kopf – der Rest im Wagen ist Schweigen. Mir aber erzählt er, dass seine Frau nicht jüdisch war, erst nach ihrem Tod entschloss er sich, auszuwandern und neu anzufangen, da war er schon Anfang sechzig. Er freute sich, jemanden gefunden zu haben, der sich mit ihm in seiner Sprache verständigen konnte. Ich hätte nie gedacht, jemals mein in der Schule gelerntes Russisch außerhalb Russlands anwenden zu können.

Die Straßen sind staubig und liegen in brütender Hitze. Das Land wartet auf Regen, höre ich von Yakob, den man nicht mit dem in Deutschland vergleichen kann, der hier vielleicht eine Stunde am Tag dauert, dabei alles andere als heftig niedergeht und kaum Abkühlung bringt. Wir suchen uns einen Parkplatz auf dem Rothschild Boulevard, der das Herzstück, gewiss nicht der urbane Anfang, aber die erste Straße Tel Avivs ist, die nicht nur ihrer Gestaltung wegen ein bisschen an die Champs-Élysées erinnert, erklärt Yakob selbstbewusst. In der Mitte des Rothschild Boulevards verläuft ein mit Bäumen bestandener Grünstreifen, der sich den Platz mit Fußwegen und Bahnen für Fahrräder teilt, ganz außen auf beiden Seiten rollen Autos. Die viertausend zumeist weiß gehaltenen Gebäude, die Tel Aviv den Namen *Weiße Stadt* gaben, wurden von deutschen Architekten jüdischer Abstammung gebaut, die, Schüler des Bauhauses Dessau, aus Deutschland geflohen waren. Nirgendwo sonst auf der Welt gibt es so viele dieser architektonischen Zeugnisse deutscher Kultur. Wenn die Häuser hätten in Deutschland entstehen können, auf welche Weise hätten sie die Städte verändert? Ein ebenso zynischer wie naheliegender Gedanke: Im Gegensatz zu Tel Aviv hätten sie den Krieg vielleicht nicht überstanden, so dass diese Stadt der glücklichere Standort ist.

Die Architekten wollten damals erschwinglichen Wohnraum für alle schaffen, was der sozialistischen Haltung des Neubeginns entsprach, der Schaffung einer egalitären Gesellschaft. Die Häuser wurden bis 2003, als sie zum Weltkulturerbe erklärt wurden, kaum saniert, teilweise sogar abgerissen. „Heute werden sie zwar erhalten", fährt Yakob fort und lacht gequält auf, „aber der ursprüngliche Gedanke wird konterkariert: Das Wohnen in ihnen ist unverschämt teuer, wie überhaupt der Wohnraum in Tel Aviv immer knapper wird – ein großes Problem in ganz Israel."

Am Straßenrand wiegen sich Palmen im Wind, überall blüht und riecht es nach Sommer – man könnte vergessen, dass wir November haben. Yakob und ich kosten in einem der vielen Straßencafés zum Espresso Halwa, jene iranisch-arabische Süßigkeit, die, in großen, mürben Blöcken aufgebaut, die Auslagen füllen. Es gibt viele Arten von Halwa: mit Kakao, Sesam und Kaffee, mit Sonnenblumenkernen, wie es die Russen kennen, meines ist mit Pistazien zubereitet. Halwa schmilzt auf der Zunge wie Eis, sanft und nur nicht so schnell und gibt eine Süße ab, die intensiver als die von Eis ist. Mir fällt ein, dass ich zum ersten Mal etwas in Israel gekauft habe. Um eine Beziehung zu einem Land herzustellen, so Heinrich Böll in seinem *Irischen Tagebuch*, sei es am besten, man kaufe irgendetwas, eine Kleinigkeit reiche aus. Dadurch, dass es anders sei als gewohnt, würde man auch die Andersartigkeit des Landes begreifen.

„Was in Israel gegessen wird, willst du wissen?", fragt Yakob.

„Wenn man die Kultur eines Landes erfahren will, dann gehören Essen und Trinken dazu", erkläre ich.

„Ich muss dich enttäuschen, es gibt keine israelische Küche, keine, sagen wir, Nationalküche. Israel ist ein klassisches Einwanderungsland; jeder bringt seine eigene Küche mit, die sich nicht mit anderen vermischt."

Wir fahren weiter, biegen auf die parallel zum Meer verlaufende Uferstraße ab, auf der sich Hotels und Bars aneinanderreihen. An einem flachen Gebäude, an dem der salzige Wind den Beton zerfressen hat, lese ich in roten Leuchtbuchstaben *Pussycat*.

„Bis morgen", sagt Yakob in der Lobby des Hotels, „meine Leute warten, morgen habe ich Zeit."

Die Dunkelheit kommt sofort nach dem Sonnenuntergang, innerhalb weniger Minuten legt sie sich über das Land. Während ich mir draußen an einem Kiosk auf der Promenade eine Flasche *Goldstar* genehmige, ein malziges, dunkel schimmerndes einheimisches Bier mit vollem, rundem Geschmack, bei dem mir nichts Vergleichbares einfällt, höre ich das Meer rauschen. Am anderen Ende der weit in einem sanften Bogen geschwungenen Bucht leuchtet ein angestrahltes Minarett auf. Der Mann im Kiosk zeigt Gelassenheit, während er ein bisschen auf mich herabsieht: Warum bloß weiß der Tourist das nicht. Natürlich, dort hinten ist Jaffa, was denn sonst.

Endlich bist du in Israel, kneif dich in den Arm, damit du weißt: Du träumst nicht. Begreif das: Israel, denke ich erst jetzt, dort, wo du immer hinwolltest. Es ist, als würde sich ein Kreis schließen, etwas, das als Kind angefangen hat, ebenso mit RIAS 2 wie Estrongo Nachama und meinem Vater zu tun hat und nun einen vorläufigen Abschluss findet, mehr als fünfzig Jahre danach, hier am Strand mit dem Blick auf das nächtliche Jaffa und einem Bier in der Hand, das *Goldstar* heißt. Fünfzig Jahre, mein Gott, weit mehr als die Hälfte des Lebens.

3.

EIN FEST FÜR DIE SINNE

Mit Tom Franz auf dem Carmel-Markt

Hat man sich auf dem Carmel-Markt durch die Schuh- und Kleiderstände hindurchgearbeitet, stößt man auf die Obstauslagen, auf Gemüse und orientalische Gewürze, überall Oliven, Feigen, Granatäpfel, Auberginen, Gebäck und Trockenobst. Händler überbieten sich im Anpreisen ihrer Waren. Cafés, Lokale und Imbissstände finden ihren Platz in Nischen. Vor dem *Coffee at the Market*, wo man die besten Kaffeesorten Israels kaufen und natürlich Kaffee trinken kann, treffen Yakob und ich Tom Franz, jenen 1973 geborenen Einmeterfünfundneunzig-Mann, der mit seinem markanten Gesicht und Pferdeschwanz eine auffällige Erscheinung ist. Aber nicht nur deshalb wenden sich ihm die Passanten zu: Er, der Gewinner der israelischen Kochshow *MasterChef*, der beliebtesten Realityshow der israelischen Fernsehgeschichte, die zur besten Sendezeit lief, ist eine Berühmtheit. Die Einschaltquote lag beim Finale bei über fünfzig Prozent, jeder zweite Israeli verfolgte diese Sendung. Was ihn hierzulande so interessant macht? Es liegt an den vermeintlichen Gegensätzen in seiner Person. Zum einen ist es die Tatsache, dass er so exakt kocht, wie man es landläufig von einem Deutschen erwartet, der aber gleichzeitig so herzlich und offen ist, wie sich Israelis Deutsche wahrscheinlich nicht vorstellen, was mir vorzustellen wiederum Schwierigkeiten bereitet. Zum anderen ist es seine Biographie. Thomas Franz wuchs katholisch geprägt in Erfstadt bei Köln auf. Sein Leben war von vornherein auf Karriere angelegt, er machte eine Banklehre, studierte Jura. Ein Schüleraustausch mit israelischen Jugendlichen hatte folgenreiche Spuren hinterlassen. Sie sangen, lachten und tanzten; er spürte bei ihnen jenes Gefühl der unbändigen Lebensfreude, der Zugehörigkeit, das er in seinem Leben – mit Ausnahme bei seinen Eltern – nicht nur nicht vorfand, sondern vermisste. Im Rahmen des Zivildienstes führte ihn sein Weg für anderthalb Jahre mit der Aktion Sühnezeichen nach Israel. Er arbeitete im Altenheim Lichtenstetter, wo Menschen lebten, die besonderer Pflege bedurften. Er beeindruckte das Personal so sehr, dass es sich später noch lange an ihn erinnerte. Zurückgekehrt nach Deutschland, wurde er das Gefühl nicht los, in Israel einen Ort gefunden zu haben, in dem sich sein Leben erfüllt. Eine Nahtoderfahrung veränderte dann alles. In den Semesterferien arbeitete er in Israel, bei Sanierungsarbeiten schlug ein Eisenrohr unmittelbar an seinem Kopf vorbei, zerschmetterte nicht ihn, sondern ein Fenster. Dieses Erlebnis ließ ihn an göttliche Fügung glauben, die ihn endgültig dazu brachte, 2004 seine Anwaltskarriere zu beenden, um zum Leidwesen seiner Eltern nach Israel auszuwandern. Tom Franz konvertierte zum Judentum, was so einfach nicht war, er hatte einige Prüfungen zu absolvieren. Durch den Glauben wurde er ein ausgeglichener Mensch, der sich von Oberflächlichem trennte. Zwei Jahre später lernte er Dana Hadari kennen, die seine Frau werden sollte und ihn in allen seinen Unternehmungen unterstützte. Sie überzeugte ihn, sich bei der Sendung *MasterChef* zu bewerben.

Dana hat den größten Teil ihrer Familie im Holocaust verloren. „Auschwitz, um Auschwitz kommt man in Israel nicht herum, wie sollte es auch anders sein", sagt Tom. Allerdings trägt es niemand vor sich her, indem Deutsche geschnitten oder gar attackiert werden. Aber unausgesprochen schwingt es für mich immer mit. Durch Tom Franz jedoch ist es nicht schwer, hierzulande Deutscher zu sein. Ich beobachte eine Frau mittleren Alters, die ihn plötzlich wahrnimmt, freudig die Hände vors Gesicht schlägt, als könne sie es gar nicht fassen, ihn hier zu treffen, und auf ihn zuläuft. Sie muss ihn unbedingt berühren, sie greift nach seinem Arm und schmiegt sich an ihn, spricht ununterbrochen auf ihn ein. Tom Franz ist offensichtlich geübt im Ausweichen von so viel Körperlichkeit, lachend und sehr charmant entzieht er sich, führt das Gespräch, auf Hebräisch versteht sich. Schließlich verabschiedet sich die Frau von ihm, ich glaube anfangs, mich zu verhören, bis ich's endlich begreife, mit auf Wiedersehen, was plötzlich so normal ist wie *lehitraot*.

„Sie sagte auf Wiedersehen", bemerkte ich zu ihm.

„Ja, warum nicht, warum sollte es nicht so sein", erwidert er.

Wir essen in der Schale geröstete, gesalzene Mandeln, Pekannüsse und frische, sehr große Datteln. „Es ist üblich, die Kerne auf den Boden zu werfen", sagt Franz. „Man kann sie mit dem Fuß an den Rand schieben." Für einen Deutschen ist das eine ungewohnte Lockerheit, hat er sich der orientalischen Mentalität angepasst?

Der Hobbykoch Tom Franz vereinigt die deutsche, sprich: die rheinische Küche mit der israelischen. In seinem Buch *So schmeckt Israel*, das mehr als ein Kochbuch ist, weil es sich mit der Kultur und Geschichte Israels beschäftigt, schreibt er: „Schmecken Sie mit mir Deutschland und Israel auf dem Teller. Genießen Sie Gerichte aus meiner israelischen Küche, die ich immer wieder mit einer Prise Heimat würze."

Die Grundlage seiner Küche besteht darin, nur frische Zutaten zu verwenden, die direkt aus der Natur kommen. Diese Auffassung vermittelte ihm seine Mutter, die selbst eine begnadete Köchin war. In Tel Aviv ist es schwer, gute koschere Restaurants zu finden, häufig werden Gerichte angeboten, die Fleisch- und Milchprodukte mischen. Essen, das nach dem Regelwerk des Kaschrut gekocht wird, also koscheres Essen, gilt für viele Israelis als eine Kost von gestern. Tom Franz, der Deutsche, der das moderne Judentum vertritt, will zeigen, dass dieses Essen durchaus zeitgemäß ist, und bringt dadurch jüdischen Israelis ihre eigene Kultur wieder nah.

In seinem Kochbuch wird der Klassiker aller israelischen Cafés und Frühstücksbuffets in den Hotels vorgestellt: Schakschuka, ein Gericht, das vor allem aus Tomaten und Ei besteht. Fleisch, Lamm oder Geflügel, ist dagegen ein wichtiger Bestandteil von Schawarma, dem typischen Streetfood, das man an allen Ecken kaufen kann. Ein wichtiges Mahl, eines für Feste und Gäste, ist der Israelisch-Rheinische Sauerbraten, bei dem Franz das Rezept seiner Mutter weiterentwickelt und um Elemente seiner neuen Heimat ergänzt hat.

In einer Seitengasse stehen weiße Plastikstühle auf dem engen Gehweg, die zu einem jemenitischen Imbiss gehören. Grundlage der vorderasiatischen Küche ist Hummus, der aus Kichererbsenbrei gewonnen, Tahini, dem Mus aus Sesam, Zitronensaft und Knoblauch zubereitet wird. Seine Oberfläche wird gefurcht, um darin Olivenöl einlaufen zu lassen, und mit gekochten Kichererbsen garniert. Der Zitronensaft gehört wegen des Vitamin C unbedingt dazu. Im Grunde benötigt niemand weder einen eigenen Teller noch Besteck, man nimmt die Speise mit Pita, dem aus der iranischen Küche stammenden

Fladenbrot, auf: Den Hummus wischen, sagt man. Natürlich dürfen die Näpfchen mit den roten Pasten sich steigernder Schärfe nicht fehlen.

„Wer den Hummus in diese Gegend gebracht hat?", fragt Tom Franz. „Ehrlich gesagt, ich wage keine Antwort. Ob ihn die Türken mitgebracht haben, die das Land vierhundert Jahre beherrschten, ob wir ihn arabischem Einfluss verdanken oder er schon immer hier war – wer weiß. Auf jeden Fall finden Israelis und Palästinenser, Libanesen und Syrer bei Hummus zusammen."

Am zeitigen Nachmittag ebbt der Marktbetrieb langsam ab, die lauten Stimmen der Händler verlieren ihre Kraft, die Besucher haben sich längst mit ihren Einkäufen nach Hause verabschiedet, in den Imbissen wird zwar noch gegessen, aber danach stellt sich jene Ruhe ein, die mit einem gefüllten Bauch einhergeht. Auf die Dächer mag die Sonne brennen, hier in den Gassen hält sich auf dem Pflaster die Feuchtigkeit des Morgens.

Schon beim Malabi, dem Pudding auf Wasserbasis, parfümiert mit Rosenwasser, bestreut mit feingehackten Nüssen und begossen mit roter süßer Soße, oder spätestens beim Hawaij, dem Kaffee, der mit Kardamom versetzt wird, haben wir wieder unser Thema.

Tom Franz meint: „Wir können den Israelis nicht sagen: Nun ist es wieder gut zwischen Deutschen und Juden. Lasst uns mal zur Tagesordnung übergehen. Das muss von den Juden selbst kommen. Und das kommt höchstens erst, wenn die Generation, die den Holocaust erlebt hat, nicht mehr ist."

Beim Finale der Kochshow gab es zwei Teilnehmer: eine muslimische Palästinenserin und ihn, einen Deutschen, der in Israel lebt. „Kochen konnten wir alle beide, aber dass ich den

MasterChef gewann, damit wurde ein Zeichen gesetzt, ein gutes Zeichen."

Tel Aviv ist nicht nur eine ausgesprochen weltliche und sehr westliche, sondern immer pulsierende Stadt. Doch Tel Aviv ist nicht Israel.

„Was isst man in arabischen Gegenden, gibt es dort jüdische Küche?", erkundige ich mich bei Yakob.

„Ich sehe schon, wir müssen nach Akko fahren", sagt er und nickt mir zu. „Am besten, du lernst Uri Jeremias kennen, der sein jüdisches Restaurant im arabischen Teil der Stadt betreibt. Also: Morgen auf nach Akko!"

4.

WILLKOMMEN IM ORIENT
Lärm bedeutet Leben

Der Himmel ist den Tag über verhangen, erst zum Abend hin dringt die Sonne durch und mit ihr sofort die Wärme. Heute ist Sabbat, jede Tätigkeit hat zu ruhen, nicht einmal elektrische Geräte dürfen genutzt werden, auch keine Fahrstühle, es sei denn, es handelt sich um Sabbat-Fahrstühle, die man nicht bedienen muss, weil sie auf jeder Etage automatisch halten. Außerhalb von Akko, jener Stadt, die auf einer Landzunge an der Bucht von Haifa liegt, befinden sich die jüdischen Siedlungen, das Zentrum jedoch ist arabisch, in dem es Spuren von Persern und Römern, Türken und Kreuzfahrern gibt, hier kennt man keinen Sabbat, hier ist samstags Alltag. Ein Junge auf dem Fahrrad lässt sich von einem trabenden, stolzen Pferd, dessen blonde Mähne im Wind flattert, durch den dichten Autoverkehr ziehen, woran niemand Anstoß nimmt. Fahrzeuge hupen, junge Frauen schlendern ohne Kopftuch über die Bürgersteige, ein Vater hat seine Familie in ein motorisiertes Gefährt unbestimmter Bauart geladen und rauscht hupend durch die engen Gassen. An den Stoffdächern der Verkaufsstände am Hafen blinken bunte Lichter, aus den Lautsprechern der Schnellboote dröhnt atemraubende Musik, mit der sie durch die Brandung jagen, die Passagiere kreischen mit jeder Gischtwoge auf, die über sie hereinbricht.

Yakob sagt schmunzelnd: „Lärm bedeutet im Orient Leben."
Er lädt mich zum Knafeh ein. Knafeh ist eine türkisch-arabische Süßspeise, die Basis besteht aus Frischkäse, ähnlich dem Mascarpone, die Oberfläche bilden sehr feine, rotgefärbte Nudeln. Wir essen auf der Straße im Gehen von Papptellern mit Plastikgabeln und kommen uns sehr unkonventionell vor, weil es niemand sonst macht. Künftig laufe ich nirgendwo vorbei, wo es arabische Süßigkeiten gibt, ohne nach Knafeh zu fragen.

Wir schlendern über einen abgelegenen Kai des alten Hafens, wo sich Gaststätten und Cafés aneinanderreihen. An einer riesigen Tafel sitzen nur Frauen, einige mit dem Kopftuch der Muslima, andere sind westlich gekleidet. Die Tafel zeigt sich übervoll, die Frauen sind vergnügt, sie lassen die Wasserpfeife reihum gehen. Einige Meter weiter werden wir Zeuge einer Mutprobe, wir lehnen uns wie andere Schaulustige über eine Balustrade aus grobem Beton: Von einem Mauerstück springen junge Männer ins Meer. Immer dann, wenn eine heranpreschende Welle genügend Wassertiefe garantiert, wagen sie den Kopfsprung – ein waghalsiges Unternehmen, das mir einen Schauder über den Rücken jagt. Einige Meter unter den Männern, auf einem herausragenden Felsstück, steht vor Angst zitternd ein vielleicht zehnjähriger Junge, seine Lippen sind blau angelaufen, seine Brust ist von Gänsehaut überzogen. Er möchte es den Großen gleichtun, lässt aber Welle um Welle vergehen, tritt nach vorn, um hinunterzuschauen, schmiegt sich jedoch jedes Mal wieder mit dem Rücken an die Sicherheit verheißende Wand. Wie er zu dem Platz gekommen ist, bleibt ein Rätsel, ebenso wie er den Rückweg antreten will, wenn er nicht springt. Wir bleiben eine ganze Weile bei ihm, dann müssen wir weiter.

„Wird er springen, Yakob?"
„Na klar, was sonst. Er hat keine Wahl."
Viel Glück, mein Kleiner, verpasse nicht den richtigen Augenblick, wünsche ich ihm, als wir weitergehen.

Vor dem Essen sind wir ins Hotel Efendi eingeladen, zu dem Uri Jeremias, der Betreiber des Uri Buri, einen halbverfallenen osmanischen Palast mitten in der arabischen Altstadt umgebaut und sich damit einen Traum erfüllt hat. Der Weg geht über Stufen durch sehr schmale Gassen, die von Hunden bevölkert werden, die überall ihre Haufen setzen, auf farbigen Plastikstühlen sitzen Männer palavernd beim Tee oder reißen Büchsen mit Sprite und Cola auf, Jungen spielen mit Pappbechern Fußball. Als wir den Eingang des Hotels erreichen, betreten wir eine andere Welt. Uns empfängt neben der schlichten, aber soliden Pracht des Gebäudes die angenehme Kühle hoher Räume, den Fußboden bilden Mosaiken, die Wände schmücken Originalfresken. Auf der Dachterrasse, wo uns ein erfrischender Luftzug empfängt, trinken wir beim Blick auf das mäßig bewegte Meer, in dem sich die Abendsonne spiegelt, einen Aperol Spritz. In etwas mehr als zwanzig Kilometern in Richtung Norden beginnt der Libanon, nach hundert Kilometern genau an dieser Küste, gegen die auf die gleiche Weise Wellen rollen, liegt Beirut, landeinwärts in der gleichen Entfernung Damaskus. Was in diesen Städten passiert, kann hier nicht folgenlos bleiben, die unmittelbare Nachbarschaft macht äußerst sensibel für Veränderungen.

Eine iranische Shahab-3-Rakete, die einen Atomsprengkopf tragen kann, benötigt für die 1.900 Kilometer zwischen Teheran und Tel Aviv ungefähr dreizehn Minuten Flugzeit. Es ist nur eine Frage von wenigen Jahren, bis jener Iran über die Bombe verfügt, der den Holocaust leugnet und die Vernichtung Israels zur Staatsdoktrin erhoben hat.

„Yakob, was soll dann werden, was? Wird sich der Iran wie der kleine Junge auf dem Felsvorsprung verhalten, der nicht mehr zurückkann?"

5.

VON PFERDEN UND MEERÄSCHEN

Zu Gast im Uri Buri

Die Räume von Uri Jeremias' Restaurant sind flach und verwinkelt, sie wirken rustikal und nicht wie ein Gourmettempel, obwohl Uri als der beste Fischkoch Israels, wenn nicht sogar der Levante gilt. Das Restaurant liegt unmittelbar am Hafen im arabischen Viertel. „Ich als Jude habe damit kein Problem und die Araber haben mit mir kein Problem. Warum auch?", antwortet der Mann mit dem grauen Bart, der ihm bis zum vorgewölbten Bauch reicht, in einer leichtfüßigen Art, in der ich sofort den Landsmann wittere. Und richtig: Zwar in Israel geboren, ist seine Mutter jedoch Berlinerin gewesen. Für ihn scheint die Bezeichnung Mutterwitz erfunden worden zu sein.

„Man kann zusammenleben ohne Liebe, wie manche Ehepaare leben", sagt er schmunzelnd, wird nach einer Pause jedoch sehr ernst, als er hinzufügt: „aber nicht ohne Respekt. Bei mir arbeiten Muslime verschiedenster Richtungen, Drusen, Christen und Juden. Da gibt es schon mal Reibereien, vor allem wegen der Essensvorschriften. Doch wir kommen miteinander aus."

So friedlich indes war es nicht immer in Akko. 2008 kam es zu Jom Kippur zu einem arabischen Aufstand. Jom Kippur, das Versöhnungsfest, ist der höchste jüdische Feiertag, der Ruhe-

und Fastentag. Jüdische Jugendliche sollen einen arabischen Mann geschlagen haben, weil er während des Fests absichtlich Lärm gemacht hat, was als Provokation empfunden wurde. Kurze Zeit später tauchten arabische Jugendliche auf, in einer unglaublichen Geschwindigkeit begann der Aufruhr, als würde sich seit langem angespannter Verdruss entladen, in dessen Folge Steine flogen, Autos in Flammen aufgingen, in einer einzigen Nacht ein ganzes Geschäftsviertel zerstört wurde.

Das Wort Buri im Namen seines Restaurants ist das hebräische Wort für Meeräsche – eine Hommage an die Leidenschaft des Siebzigjährigen: den Fisch. Der Ruf seines Restaurants zieht Gäste von weither an. Ich bestelle Rotwein. Rotwein zum Fisch? Der Wirt rät höchstselbst dazu, ich erhalte einen *Shiraz* aus Galiläa.

Ob ich zusehen möchte, wie der Fisch zubereitet wird? Ich wünsche mir nichts mehr als das; wenn ich daheim Essen koche, dann am liebsten Fisch. Ich lernte schon als Kind, ihn zu fangen, wozu ebenso Schuppen wie Säubern gehörte. Der vielbeschäftigte Uri lässt es sich nicht nehmen, den Fisch eigenhändig zu braten, und zwar auf der Planche, die eine emaillierte gusseiserne Grillplatte ist, von einem Gasbrenner auf dreihundert Grad Celsius erhitzt. Er legt den unpanierten Fisch auf die Platte, die davor mit etwas Öl bestrichen wurde, wendet ihn kurze Zeit später mit einer Kelle. Wichtig ist, dass der Fisch nicht anbackt, sondern sich gut abheben lässt. Das zarte Fleisch braucht nicht lange, um gar und knusprig zu sein. Uri ist konzentriert, seine Bewegungen routiniert, er lacht auf, als er achtgeben muss, dass sein Bart nicht mit auf die Planche gerät.

Uri liest keine Kochbücher, sondern kreiert alle Gerichte selbst. Früher reparierte er Flugzeuge, entschärfte Bomben, fuhr Traktor und arbeitete für die UN in Israel. Er lebte für ein Jahr in Deutschland in einer Hippie-Kommune in Hamburg und reiste anschließend mit einem VW-Bus durch die Welt, durch den Iran, Afghanistan, Pakistan, Indien. Unterwegs entdeckte er exotische Gerichte und die Liebe zum Kochen. Heute betreibt er ein weiteres Restaurant in Caesarea, sein Schmuckstück, das Hotel Efendi, eine Eisbar um die Ecke und eine Kochschule, in der er arabische und jüdische Straßenkinder zu Kellnern und Köchen ausbildet. Wahrscheinlich erkennt er sich selbst in diesen Kindern wieder, dessen Lebensweg ja ebenso wenig geradlinig verlief wie sein eigener.

Seine Frau Yael und er haben sich für sechs Kinder entschieden, drei eigene, was in Israel normal ist, oft sogar vier, wo Kinder als Symbol des Überlebens und des Stolzes gelten. In Israel werden mehr Kinder geboren als in jedem anderen Staat der westlichen Welt. Uri und Yael dagegen haben noch drei weitere adoptiert.

Eine Tochter, ungefähr dreißig Jahre alt, bedient im Restaurant, sie läuft ebenso geschickt wie schnell, tafelt auf, was er ihr zuraunt: Scheiben von Dattelpflaumen, gekrönt von Crème fraîche, Shrimps und Kaviar, Bernsteinfisch, serviert mit Olivenöl, Knoblauch, Zwiebeln, gegrillte Melonenscheiben, gerollt und mit einer pikanten Paste gefüllt, Jakobsmuscheln, garniert mit Meeresalgen, karamellisierten Petrusfisch mit süßsauer zubereiteter Roter Bete. „Der Petrusfisch", sagt Uri, „hat seinen Namen von Simon Petrus, dem Jünger Jesu, der bekanntlich im See Genezareth gefischt hat."

„Gibt der Markt in Akko genug her?", frage ich.

„Die Situation ist sehr kritisch. Früher bin ich selbst getaucht und habe Fische harpuniert. In Küstennähe jedoch sind kaum noch welche zu finden. Viele Fischsorten muss ich beim Großhändler bestellen, der seine Ware vom Atlantik bekommt. Das Mittelmeer ist hoffnungslos überfischt."

„Es wird zu viel Fisch gegessen!", stelle ich provokant fest und schmunzle. Er versteht mich sofort, seine Augen blitzen. „Es wird falsch gefischt, sagen wir: zu radikal. Ich weiß nicht, wo das hinführen soll."

Beim Nachtisch frage ich ihn nach seinen deutschen Wurzeln und was aus ihnen wird.

„Diese Sprache stirbt in meiner Familie mit mir aus. Meine Kinder sprechen nicht Deutsch, es gibt keine Verwandten mehr, die diese Sprache beherrschen." Er lacht, dass sein Bart bebt, seine Augen leuchten wieder. „Aber bis dahin ist noch viel Zeit", ruft er und lässt mir das nächste Glas Wein kommen.

Der Wind frischt auf, ich bereue, keinen Pullover dabeizuhaben. Yakob und ich, wir schlendern am Kai entlang; über dem anderen Ende der Bucht, hinter dem unruhigen, schaumtragenden Wasser, wo ich Haifa weiß, zuckt ein imposanter Lichtschein.

„Fisch, so viel Fisch, aber nicht Gefilte Fisch. Ich kenne ihn immer noch nicht", sage ich, „das Gericht der osteuropäischen Juden zum Sabbat, von dem ich gelesen habe von Scholem Alejchem bis zu Bernard Malamud."

„Wir können es in Jerusalem versuchen", antwortet Yakob, „aber versprechen kann ich nichts."

Auf meine Frage, wie lange wir denn bis nach Jerusalem brauchen, antwortet er mit einem Witz: Ein Bekannter kommt aus Amerika zu Besuch und möchte einmal durch Israel gefahren werden, von Nord nach Süd und von Ost nach West. Gut, sagt der Gastgeber, und was machen wir am Nachmittag?

Am Morgen steht fest, dass Yakob dringend zurück in seine Firma nach Tel Aviv muss. Wir vereinbaren, dass er mich in Haifa absetzt, es liegt auf dem Weg.

„Was ist das Besondere an dieser Stadt?"

Wieder bekomme ich einen weit verbreiteten Witz zu hören.

Frage: Weshalb hat es nie religiösen Zwist in Haifa gegeben?

Antwort: Weder Jesus noch Mohamed waren jemals dort.

Es gehört zum jüdischen Humor, den ich noch mehrfach erfahren sollte, selbst zutiefst tragischen Konstellationen mit Leichtigkeit zu begegnen. Ob in dem Narrativ ein Quantum Wahrheit steckt, scheint nebensächlich, fest steht: Der Schmerz ist erträglicher, wenn über ihn gelacht werden kann.

„Auf Wiedersehen in Jerusalem, mein Lieber", ruft mir Yakob aus dem abfahrenden Auto zu. „In Jerusalem!"

6.

ICH LIEBE DAS SELBSTBESTIMMTE LEBEN
Layla Anton: Wo Frauen frei sind

Die breite Ben Gurion Road führt schnurgerade von den Bahai-Gärten, aus denen die goldene Kuppel des Schreins des Bab in der Sonne strahlt, bis zum Hafen sanft abwärts. Auf der Terrasse eines Restaurants sitzt inmitten einer ausgelassen feiernden Gesellschaft das Brautpaar: die Frau mit langem Kleid in Weiß, in den Haaren ein Diadem, der Mann in kurzärmeligem Hemd. Zwischen den Sonnenschirmen sind Girlanden gespannt, in den flachen Bäumen hängen Lampions. Der Himmel ist voller Sonne, die an diesem Nachmittag stark herunterbrennt. Als ich stehen bleibe, winkt mir die Braut so charmant und dennoch Distanz wahrend zu, dass ich gar nicht anders kann, als sie anzulachen. Die heitere Atmosphäre springt auf die anderen Passanten über, die beschwingt vorüberziehen.

„Schauen Sie nur, die Frauen sind nicht verschleiert", höre ich eine Stimme neben mir, sie spricht Deutsch. Die junge schmale Frau, deren Haare gewellt auf die Schultern fallen, erklärt, dass hier arabische Christen feierten.

„Und sie trinken Wein", sage ich.

„Natürlich", erwidert sie, in ihrem Blick bemerke ich eine Spur trotzigen Selbstbewusstseins. „Warum sollten sie nicht! Nirgendwo im Nahen Osten sind Frauen so frei."

„Höchstens in Beirut?", frage ich.

„Wahrscheinlich nur noch dort, außerhalb der Stadt schon nicht mehr und im übrigen Land erst recht nicht."

Wir unterbrechen unser Gespräch nicht, während wir uns einen Schattenplatz suchen und schließlich auf eine Brüstung setzen, ein unverputztes Mauerstück, das ein Grundstück von der Straße trennt, über die der Autoverkehr rollt. Die junge Frau ist in Haifa geboren und in die Schule gegangen, jetzt aus Deutschland zu Besuch, die Wohnung ihrer Eltern befindet sich zwei Querstraßen weiter. Ihre Mutter kam als Touristin aus Deutschland nach Israel und hat sich bald verliebt: in einen Araber und beschlossen, für immer zu bleiben. Er ist griechisch-orthodox, die Mutter protestantisch, die Tochter wurde ebenfalls protestantisch erzogen, ging in die anglikanische Kirche hier in Haifa. Wenn die Christen schon in Israel in der Diaspora leben, sind es die Protestanten erst recht. Selbst in Jerusalem, in dem alle Christen mit Gotteshäusern vertreten sind, gibt es lediglich zwei protestantische: die Erlöserkirche in der Altstadt, die Himmelfahrtskirche auf dem Ölberg.

Der Name meiner Gesprächspartnerin sollte nach dem Willen der Eltern sowohl arabisch als auch im Deutschen geläufig sein, sie einigten sich auf Layla, was *Schönste aller Nächte* bedeutet. Der im Orient weit verbreitete Name tauchte bereits in der vorislamischen Zeit auf. Die tragische Liebesgeschichte aus dem 7. Jahrhundert *Madschnūn Lailā*, nach der Qais an seiner unglücklichen Liebe zu Laila zugrunde geht, ist sowohl in der arabischen Literatur als auch in der Weltliteratur bekannt.

„Was kann man mehr wollen", sage ich anerkennend.

„Komplett heiße ich übrigens Layla Anton", meint sie und schaut mich erwartungsvoll an.

Ich bin allemal erstaunt. Bevor ich nachfrage, kommt sie mir zuvor, indem sie abwinkend erklärt: „Anton ist ein weit verbreiteter arabischer Name. Man kann es sich in Deutschland kaum vorstellen, stimmt aber, er wird nur etwas anders ausgesprochen." Auf mein Schweigen hin sagt sie: „Die Betonung liegt auf dem A, das T ist schwer und das O wird in die Länge gezogen: Antooon."

Wenn sie aus der Schule nach Hause ging, kehrte sie manchmal mit ihren Freundinnen bei McDonald's unten am Ende der Straße ein, wo ich auch schon gegessen habe, als ich keine Zeit hatte für eines der vielen arabischen Restaurants an dieser Straße. Mein mehr als reichhaltiger Burger bestand nur aus Rindfleisch, das mir so trocken vorkam, dass ich nicht einmal die Hälfte aß, ich konnte noch so viel mit Cola nachspülen, die indes genauso schmeckte wie in Deutschland.

„Zu Pessach gibt es Matzen bei McDonald's, das ungesäuerte Brot. Die amerikanische Kette passt sich den jüdischen Feiertagen an. Pessach beginnt am Abend des Karfreitags und dauert acht Tage."

Natürlich kennt Layla die jüdischen Feiertage, wenngleich sie mit ihnen nichts zu tun hat. Dass Pessach den Auszug der Israeliten aus Ägypten feiert, weiß sie als Christin. Ob die Juden umgekehrt die arabischen Feste kennen – davon ist sie nicht überzeugt.

Wird Jom Haschoa von den Arabern ebenfalls begangen? Schließlich steht das öffentliche Leben im ganzen Land für zwei Minuten still. Gedenken sie gemeinsam mit den Juden des Holocausts?

„Der Holocaust geht nun wirklich bloß die Juden etwas an, damit haben wir Araber nichts zu tun", sagt sie, „nicht, dass er uns gleichgültig wäre, aber wir haben andere Themen, die unsere akuten Probleme tangieren."

In ihrer Schulklasse waren nur Araber, es handelte sich um eine gemischte Schule mit sowohl Jungen als auch Mädchen, manche mit Hidschab, dem Schleier, der Kopf und Nacken verhüllt, viele aber ohne. Es gab Mädchen, die ihn der Eltern wegen trugen, aber auch einige, die ihn aus Überzeugung anlegten. Sie ist als Christin froh, nie diesen Entscheidungen unterworfen zu sein und ein selbstbestimmtes Leben führen zu können – ein anderes wäre ihr gar nicht vorstellbar! Die Grundschule war anglikanisch, das Gymnasium nannte sich *Arab Orthodox College*. In der Grundschule befand sich eine Kirche auf dem Schulhof, in die sie täglich gingen, beteten und sangen, wobei auch Moslems unter den Schülern waren. Auf der weiterführenden Schule gab es weder Kirche noch Religionsunterricht, der christliche Name der Schule spielte im Grunde keine Rolle mehr, der Anteil der muslimischen Schüler war hier viel höher, vielleicht um die vierzig Prozent. Es waren immer gemischte Schulen, Mädchen und Jungen waren nie getrennt, wohl aber Juden und Araber.

„Ich kenne ein Mädchen, eine Drusin, die eine jüdische Schule besuchte, ansonsten sind mir keine Araber bekannt, die auf jüdische Schulen gingen. Umgekehrt, dass Juden auf arabische Schulen gehen, halte ich für vollkommen ausgeschlossen, allein der sprachlichen Barrieren wegen, weil der Unterricht auf Arabisch erfolgt. Aber immerhin gibt es das Dorf Newe Schalom, auf Arabisch Wahat al-Salām, das Friedensdorf, das Juden und Araber einander näherbringen soll."

Layla war als Kind einmal dort, weil ein Freund ihres Vaters mit seiner Familie in dem Ort gelebt hat. Er liegt jeweils gleich weit entfernt von Tel Aviv und Jerusalem, gegründet 1970 von Bruno Hussar, der als Sohn jüdischer Eltern, die die französische Staatsbürgerschaft besaßen, in Kairo geboren wurde. Er konvertierte zum Katholizismus, wurde Priester, auf dem gepachteten Land entstand die Siedlung, in der Christen, Juden, Muslime miteinander leben, in Respekt und Achtung voreinander. Bis 2012 ist das Dorf auf über sechzig Familien angewachsen, mit gleicher Anzahl von Juden und Arabern. Geplant ist eine Einwohnerzahl von 140 Familien, im Jahr 2016 hatte das Dorf 267 Einwohner. Die Gemeinschaft wird demokratisch verwaltet und gehört den Mitgliedern, daher ist sie unabhängig von politischen Parteien und Bewegungen. Hussar, der sein Lebenswerk als Muster für Israel begriff, starb 1996 in Jerusalem.

Ehen indes zwischen Juden und Arabern kommen in Israel relativ selten vor. Layla kennt in ihrem Bekanntenkreis ein Ehepaar, sie ist Jüdin, er Araber. Da die Kinder in diesem Fall nach jüdischem Glauben Juden sind, werden sie auch mehr jüdisch als arabisch erzogen. Und umgekehrt: Sollte die Mutter Araberin und der Vater Jude sein, müssten die Kinder mehr arabisch erzogen werden. Doch wenn keiner der beiden konvertieren möchte, ist eine Heirat auf dem Standesamt gar nicht möglich, weil es keine Zivilehe gibt. Das betrifft auch alle säkularen Israelis. Sie müssen im Ausland heiraten, sehr oft wird das nahe Zypern bevorzugt. Layla sagt: „Zypernehen werden anerkannt. Mit dreihundert Euro alles in allem ist man dabei."

Layla spricht nahezu akzentfrei Deutsch, natürlich beherrscht sie Arabisch und Hebräisch; sie pflegt Englisch genauso gut wie die drei anderen Sprachen. Sie ging nach München, ihre Brüder leben in Frankfurt. Layla studierte Pharmazie; als ihr Doktorvater nach Berlin zog, schloss sie sich ihm an. Ihr

Freund ist ein Deutscher, mit dem sie schon acht Jahre zusammen ist: angesichts ihrer Jugend, sie ist achtundzwanzig, eine beachtlich lange Zeit. Er sollte später derjenige sein, der zu Hause bleibt, wenn die Kinder krank werden, während sie arbeiten geht. Sie will nicht unbedingt heiraten, aber auf Kinder niemals verzichten. Wohnte sie hier in Israel, wäre es schwierig, vor der Ehe einen Freund zu haben. Das mag bei den Juden vielleicht gehen, bei den Arabern ist es schlicht unmöglich. Solange sie ihren Freund in Deutschland hat, wird es toleriert.

„Mittlerweile kennen meine Eltern Matthias, ich glaube, sie mögen ihn zum Glück auch, aber das war ein sehr langer Prozess. Ich habe ihnen die Beziehung nie verheimlicht, aber mein Vater hat am Anfang keinen Hehl daraus gemacht, dass er nicht davon begeistert ist, mein Freund wurde sehr lange ignoriert. Seit einigen Jahren, seitdem Matthias und ich unser Studium abgeschlossen haben, denke ich, hat mein Vater begriffen, dass er mir nicht schadet, eher im Gegenteil, er ein recht anständiger, aufrichtiger Mensch ist. Mein Vater wurde allmählich offener, mittlerweile ist Matthias vollkommen von meinen Eltern akzeptiert und in der Familie aufgenommen."

Natürlich haben junge Araberinnen Freunde, aber es muss immer geheim gehalten werden, sie treffen sich an verschwiegenen Orten, die Dunkelheit ist ihr Verbündeter.

„Und wenn die Mädchen schwanger werden?"

„Das kann nicht passieren."

„Weshalb denn nicht?" Ich bin ratlos und vermute, dass mein Gesicht genauso aussieht. Ich spreche mit einer fremden Frau aus einem für mich wenig bekannten Kulturkreis, dennoch wage ich den Einwand: „Keine Verhütung ist sicher, das weiß jeder."

„Doch, eine, die Enthaltsamkeit. Es ist ganz einfach: Es gibt keinen Geschlechtsverkehr vor der Ehe."

„Daran hält man sich?"

Layla wird sehr ernst, als sie antwortet: „Auf Jungfräulichkeit wird von der Familie absolut Wert gelegt."

„Aber die jungen Männer, die werden drängen."

„Klar, und wie, doch es gibt keinen Weg", sagt sie sehr bestimmt und schüttelt heftig den Kopf. „Es ist ausgeschlossen."

Der Westen mag auf den ersten Blick in Israel angekommen sein, die Frauen tragen extrem kurze Röcke und eng anliegende T-Shirts, sie sind kräftig geschminkt, das Fernsehprogramm mit den vielen Kanälen ist mindestens so freizügig wie in Deutschland, es gibt Internet mit allen Möglichkeiten, die gleichgeschlechtliche Liebe wird hier im Gegensatz zu sämtlichen Ländern des Nahen Ostens toleriert, aber die Moralvorstellungen des Westens haben das Land nicht restlos erobert, die Araber auf keinen Fall. Man mag ahnen, wie es in den Ländern um Israel herum zugeht, mehr noch: Der Dschihad, der auch ein Kulturkampf ist, ein Abwehrkampf gegen den Einfluss des Westens, zementiert die herrschenden Verhältnisse.

Wo Layla zu Hause ist? Sie muss nicht die Stirn runzeln und einen Augenblick nachdenken, sie wird oft danach gefragt. „Ich kann sagen, ich bin sowohl in Deutschland als auch in Haifa zu Hause, ohne mich für das eine oder andere Land entscheiden zu können."

Laylas Familie konnte 1948 nach der Staatsgründung in Palästina bleiben, im Gegensatz zu Hunderttausenden, die vertrieben wurden oder freiwillig gingen, weil sie nicht unter einer israelischen Regierung leben wollten. Sie hat einen sowohl israelischen als auch deutschen Pass; mit dem deutschen kann sie durch die ganze Welt reisen, auch in alle arabischen Länder, aber vorerst sind ihre Fixpunkte nur Haifa und Berlin, wobei sie sich vorstellen könnte, nach der Promotion in eine kleinere Stadt in Deutschland zu ziehen. Doch zunächst sollte es ins Ausland gehen, in ein wärmeres Land.

In Deutschlands Hauptstadt jedoch hat sie ihre Liebe zum Theater vertieft, die in Haifa zwar geweckt wurde, aber sich nur auf ein bestimmtes Theater, auf politisches Kabarett bezog. Es setzte sich kritisch mit der Regierung auseinander, so wie jedes Kabarett auf der Welt, hier hauptsächlich mit der Politik gegenüber den Palästinensern in der Westbank. Das Hauptproblem, in dem Punkt stimmt sie mit dem Kabarett überein, ist die Siedlungspolitik, die dem Friedensprozess im Wege steht. Wahrscheinlich ist der Zeitpunkt für die Aussöhnung längst verstrichen; mit dem Scheitern des Abkommens von Oslo, an dem beide Seiten Schuld tragen, und dem Tod von Jitzchak Rabin 1995, ist auch der Ausgleich zwischen Israel und den Palästinensern in weite Ferne gerückt. Niemand weiß, ob die Palästinenser einen Stopp des Siedlungsbaus im Westjordanland mit Frieden honorieren würden, vielleicht genauso wenig, wie durch die Übergabe des Gazastreifens der Aufbau einer friedlichen palästinensischen Community erreicht wurde. Gaza ist der schlimmste Nachbar, den man Israel wünschen kann, ein Albtraum, dass sich die unabhängige Westbank ähnlich entwickeln könnte, wenn man sie räumte.

Layla streicht ihre Haare zurück, ihr Gesicht verdüstert sich, als sie sagt: „Aber was will man von den Palästinensern erwarten, wenn man den Leuten nach drei Stunden am Tag das Wasser abschaltet. Das ist sicherlich nicht überall so, doch es kommt vor. So ohne weiteres können sie nicht bei uns arbeiten, man muss erst einen Antrag stellen, über den willkürlich entschieden wird."

Layla selbst lehnt Gewalt prinzipiell ab. Sie kann sich nicht vorstellen, als Bürgerin Israels Opfer eines gezielten Attentats zu werden. Doch sie sitzt in einem Boot mit allen Einwohnern dieses Landes, jeder Anschlag gegen Israel trifft auch sie. Ein militärisches Manöver der Hisbollah etwa gegen die Trinkwasserreservoirs, die mit dem Wasser des Sees Genezareth angelegt wurden, tangierte alle Einwohner des Landes. Eine Granate der Hamas aus Gaza könnte ebenso gut sie treffen.

Layla schaut auf die Uhr und springt entschlossen auf den Gehweg, ich vermute schon, dass sie sich verabschieden möchte, aber dann überrascht sie mich erneut wie am Anfang, als sie mich angesprochen hat, unternehmungslustig sagt sie: „Lass uns noch ein bisschen die Straße runtergehen."

Ich erzählte ihr von Akko auf der anderen Seite der Bucht, von Uri Jeremias, dem bekannten Fischkoch, und dem Uri Buri.

„Aber das ist ein jüdisches Restaurant", erwidert sie.

„Es ist nicht koscher, wenn du das meinst, es bietet mediterranes Essen, vor allem Fisch. Beim Personal sind alle hiesigen Religionen vertreten, und sie tolerieren einander –"

„Wir gehen da nicht hin", unterbricht sie mich, „ich kenne keinen Araber, der dort hingehen würde. Jeder hat seine eigenen Gewohnheiten, seine eigene Küche, weißt du."

Ich bin erstaunt, dass sogar junge Menschen, die in vielen grundsätzlichen Fragen gegen ihre Eltern opponieren, in manchen Haltungen schon so festgefahren sind, die doch eigentlich die Generationen vor ihr vertreten. Zumal Layla auch in Berlin lebt und man annehmen könnte, dass sich Gewohnheiten in einer so toleranten Stadt, in der ein selbstverständliches

Laisser-faire unausgesprochen herrscht, verändern. Natürlich spielt das Essen dabei nicht die entscheidende Rolle, dennoch frage ich nach den Besonderheiten der arabischen Küche. Layla lacht auf und bestätigt meinen Gedanken. „So groß ist der Unterschied gar nicht. Wir essen Hummus, Tahini, Pita, Petersiliensalat, gegrilltes Gemüse, Fisch, natürlich viel Fisch."

„Und ihr esst kein Schwein. Ihr habt ähnliche Speisevorschriften wie Juden", sage ich.

„Stimmt", gibt sie zu, „trotzdem gehen wir nicht dorthin." Als Erklärung zuckt sie mit den Schultern.

Layla muss dann doch nach Hause, ihre Eltern warten. Wir verabreden uns unbestimmt zum Essen, irgendwo in Berlin. „Hier könnte ich niemals so selbstbestimmt leben wie in Berlin", vertraut sie mir an.

„*Lehitraot*", sage ich und umarme sie.

„*Ma al salama*", antwortet sie.

Es ist mein zweites arabisches Wort.

7.

DAS DEUTSCHE VIERTEL IN HAIFA

Bis hieher hat der Herr geholfen

Am Abend kaufe ich an der Theke eines arabischen Restaurants eine Flasche *Hermon*, Rotwein von einem Weingut auf dem gleichnamigen Berg im Golan, dessen südlicher Teil seit dem Sechstagekrieg zu Israel gehört. Neben der Gebirgsstraße verrosten noch sowjetische Panzer der 1967 geschlagenen syrischen Armee, weite Gebiete sind außerdem vermint; Hinweisschilder warnen vor dem Aussteigen aus dem Auto in dieser Gegend. Ich erinnere mich an Filmberichte, die ich als Kind sah, wonach vom Golan aus immer wieder Kibbuzim unten am See Genezareth beschossen wurden, die wehrlos in der Ebene lagen. Damit war nach dem Sechstagekrieg Schluss. Heute ist auf dem Hermon sogar Wintersport möglich; es gibt ein weites Netz von Pisten und zahlreiche Skilifte. Die Israelis haben längst dieses Angebot angenommen.

Den dort angebauten Rotwein jedoch bekommt man nicht überall, in den Supermärkten gibt es, wie ich später oft feststellen muss, viele Weinsorten aus Frankreich und Italien, den einheimischen überraschend selten, und wenn, dann ist er sehr teuer, dieser hier ist unverschämt teuer, was nicht nur damit zusammenhängt, dass ich in einem Restaurant kaufe. Wein aus Europa kann ich auch zu Hause trinken, aber in Israel reizt mich natürlich das einheimische Produkt; ich will wissen, wie Israel schmeckt, um mit Tom Franz, dem Gewinner der Kochshow *MasterChef* zu sprechen. Aber es wird einem schwergemacht: Was auf Wein zutrifft, gilt auch für vieles andere. In den von russischen Juden geführten Geschäften, die vor allem in Tel Aviv sehr oft zu finden sind, kleine, verwinkelte, gemütlich wirkende Supermärkte, die ein Familienunternehmen zu sein scheinen, gibt es ganze Regale voll von *Schampanskoje*, dem russischen Sekt.

Die junge Frau hinter der Theke im arabischen Restaurant hat mich nicht richtig verstanden, sie öffnet eine Flasche, ohne meinen abwehrenden Ruf zu hören, und schenkt ein Glas ein. Ich schüttele den Kopf. „Nein doch, eine Flasche *Hermon* zum Mitnehmen", sage ich verzweifelt: „*A bottle of wine to go.*" Vielleicht ist meine Stimme in dem flachen Raum untergegangen, der von Gelächter erfüllt ist, von Stimmen, die an ein aufgeregtes Girren erinnern. Die Tafel an der weißen Hinterwand zeigt sich voll besetzt von Frauen mit üppigen Figuren in Kleidern, mit langen gelockten, schwarz glänzenden Haaren und kräftig geschminkten Lippen. Die Wirtin hinter der Theke ist fassungslos über mich, über das Missverständnis, aber sie ist an Touristen gewöhnt, berät sich kopfschüttelnd mit dem Kellner, seufzend steckt sie mir schließlich eine Flasche *Hermon* in einen undurchsichtigen Plastikbeutel und wünscht mir viel Vergnügen: „*Enjoy.*"

Es ist eine Bemerkung, die ich oft in Israel hören sollte. Ich bin in Eile und habe in einer Stadt meine Orientierung verloren, frage aufgeregt und bekomme nach der Wegbeschreibung zu hören: *Enjoy*, was mich sofort entspannt werden lässt. Ich lerne Einheimische kennen, als Verabschiedung höre ich zwar *lehitraot*, aber sehr oft auch einfach nur *enjoy*.

Niemand hindert mich daran, auf der Dachterrasse meines Hotels den Wein aus dem Restaurant zu trinken, unter mir das nächtliche Haifa, der Himmel voller Sterne über mir. Die Luft ist weich und warm und riecht nach Sommer, es ist, als badete ich in ihr. Der Hotelbesitzer, ein junger Mann in weißem Hemd und Jeans, der mein Einchecken übernommen hat, schlendert heran, streckt mir zum Gruß die Hand entgegen und wünscht, wünscht natürlich „*enjoy*". Von hier aus reicht mein Blick bis zu den hell erleuchteten Bahai-Gärten mit dem weißen Schrein des Bab im Zentrum, zu den gepflegten Rasen- und Blumenrabatten unter Palmen. Ich weiß, kein Blatt, kein Unrat liegt auf dem Rasen, der überall gleichmäßig kurz geschnitten ist, wie mithilfe einer Nagelschere, denke ich ein wenig herablassend. Von der Ben Gurion Road dringt Autolärm heran, es ist die einzig stark befahrene Straße in dieser Gegend. Die von ihr nach beiden Seiten rechtwinklig abgehenden gleichbreiten Nebenstraßen gehorchen einer verblüffenden Symmetrie: Sie halten immer den gleichen Abstand zueinander, was mir bekannt vorkommt. Am nächsten Tag erfahre ich, dass ich mit meiner Vermutung richtig lag: Dieses damals weit vor der Stadt liegende Viertel wurde von Deutschen angelegt, von Auswanderern der Tempelgesellschaft, einer christlichen Glaubensgemeinschaft aus Süddeutschland.

8.

TSCHORTKIW IST NICHT WEIT

Neri Lilenfeld-Chanes und ihr Apfelstrudel

In einer mit alten Laubbäumen bestandenen Seitenstraße, deren Asphalt von Wurzeln aufgebrochen ist, finde ich einen Bäckerladen. Als ich mir unentschlossen die Auslagen ansehe, mich von der Verkäuferin beraten lasse, mischt sich eine Frau hinter mir ein: „Nehmen Sie das", sagt sie und deutet auf eine handtellergroße, mit Gemüse belegte Pizza, „das ist gut."

Neri hat rotgefärbte, gelockte Haare und trägt eine leicht getönte Brille, über dem rosaroten Pullover eine schwarze Wollstrickjacke. An einer Halskette hängt ein silberner Anhänger, an dem sie nestelt, während sie mir vom deutschen Dorf in Haifa erzählt, das Mitte des 19. Jahrhunderts gegründet wurde. Es waren nur mehrere Hundert Menschen, die aber einen bedeutenden Wirtschaftsfaktor darstellten. Als in Deutschland Hitler an die Macht kam, glaubten sie, dass dadurch das Ansehen nicht nur Deutschlands in der Welt, sondern auch der deutschen Minderheit in Palästina gestärkt würde, und gründeten eine Ortsgruppe der NSDAP, hissten ostentativ die Hakenkreuzfahne, pflegten in aller Öffentlichkeit den *Deutschen Gruß*, zur Überwachung der eigenen Landsleute soll es sogar so etwas wie eine Gestapo gegeben haben, was alles auf die Herren im Lande, die britische Mandatsmacht, provozierend gewirkt haben musste.

In der Diaspora scheint die Loyalität dem eigenen Land gegenüber besonders groß zu sein, weil es sich dort am ehesten gefährdet sieht. Hier meinte man, es wohl am aggressivsten verteidigen zu müssen. Im Krieg dann wurde die *German Colony* als ein zu großes Sicherheitsproblem empfunden. Die Briten wählten die radikale Lösung, verluden kurzerhand sämtliche Deutschen auf ein Schiff und deportierten sie nach Australien, wo noch heute zahlreiche Templer leben.

Neri, die mich zwar einnehmend anlächelt, sonst aber einen noblen Abstand zu mir aufbaut, tippelt mit mir zurück auf die Hauptstraße und weist auf eine sorgfältig restaurierte Steintafel auf der Fassade eines Hauses mit der Inschrift *Bis hieher hat der Herr geholfen 1890.*

Neris Nachname lautet Lilenfeld-Chanes. Auf meine Frage, ob sie nicht vielleicht Lilienfeld heißt, an ein Blumenfeld erinnernd, was für mich naheliegt, sie also ganz einfach ein I vergessen hat, lacht sie und meint, wenn sie nicht Lilenfeld sagt, bekäme sie Ärger mit ihrem Mann. Aber wir könnten gern ein I einsetzen, nur an anderer Stelle, dann hieße sie Lilenfield. Die englische Variante lässt ihr Mann gelten. Neri wurde im August 1943 in Haifa geboren, „glücklicherweise in Eretz Israel", wie sie sagt, „und nicht in Europa."

Sie erzählt stolz, dass sie drei Töchter und drei Schwiegersöhne dazubekommen hat sowie acht Enkelkinder, drei Mädchen und fünf Jungen. Sie arbeitete als Lehrerin an einer Grundschule, später fünfzehn Jahre lang als Schulleiterin. Sie ist zwar jetzt Rentnerin, aber weiterhin tätig, nun in der gemeinnützigen Organisation *Yad Sarah* (Sarahs Hand). Sie ist die größte und eine der angesehensten Freiwilligenorganisationen. 1976 gegründet, bietet sie Dienstleistungen für Kranke und ältere Menschen in mehr als einhundert Filialen im ganzen Land an, darunter die Ausleihe von medizinischen und rehabilitativen Geräten, Transport sowie Hausbesuche; sie betreut jährlich über dreihundertfünfzigtausend Kunden. Neri ist eine von sechstausend Freiwilligen. Zum anderen schreibt sie gemeinsam mit einer größeren Gruppe die Lebensgeschichten älterer Menschen auf, ein Teil von ihnen sind Holocaustüberlebende. Neulich kam ein neunzigjähriger Mann auf sie zu, um ihr seine Lebensgeschichte zu erzählen. „Es war der intelligenteste Mann, den ich je kennengelernt habe", sagt sie. Er wurde mit fünf Jahren in ein Konzentrationslager gebracht und dann weiter in einige andere. Seine Mutter hatte ihn geschmuggelt, und er überlebte. Neri sagt nicht: die Hölle, und sie sagt nicht: ein deutsches Konzentrationslager. Ich denke, sie will mich nicht in Verlegenheit bringen. Wir wissen beide, was gemeint ist. Sie spricht ganz sachlich. Er hat einfach überlebt, nicht mehr und nicht weniger. „Seine auf Englisch geschriebene Autobiographie, ein erstaunliches Buch, ist bisher nicht veröffentlicht worden."

Ihre Eltern wurden in Tschortkiw geboren und wanderten nach Palästina aus. Bald fliegt Neri mit einigen anderen in die Ukraine, um „unsere Heimatstadt zu besuchen", wie sie erklärt. Sie sagt tatsächlich „unsere Heimatstadt", so sehr ist sie mit dem Städtchen ihrer Vorfahren verbunden. Sie ist dann das vierte Mal dort und will vor allem den jungen Menschen in den Schulen Geschichte vermitteln, die zu schnell zu vergessen droht, sie erzählt ihnen, wie es kam, dass von zehntausend Juden vor dem Krieg danach nur noch achtzig übriggeblieben sind, krank und halbtot.

Aber nun muss sie weiter, sie hat zu tun, außerdem weiß sie ja, dass ich essen wolle, sie habe nicht vor, mich zu stören. Doch sie wird mir schreiben, ganz gewiss. „Freunde vergesse ich nicht", sagt sie und reicht mir die Hand, ich bin gerührt, wie schnell sie mich zu ihrem Freund macht. Tatsächlich entsteht später ein Briefwechsel, wir einigen uns schnell auf Englisch, aber sie tut sich schwer damit, einfach deshalb, weil es eine fremde Sprache ist. Sie gebraucht sie zu selten, und Schreiben ist schließlich etwas anderes als Sprechen. Über längere Zeit trifft keine E-Mail ein; ich glaube schon, dass der Briefwechsel einschläft. Sie war krank, höre ich dann, sie wartet auf ihre Freundin Natascha, die geübt ist, vom Hebräischen ins Englische zu übersetzen. Zwischendurch, einigermaßen verzweifelt darüber, dass sie der anderen Sprache nicht im geeigneten Maße kundig und gewiss auch, weil sie ungeduldig mit sich selbst ist, schreibt sie mir auf gut Glück auf Hebräisch. Ich kann leider kein Wort lesen, nur einige wenige Wendungen sprechen. Doch durch das Übersetzungsprogramm von *Google Translate* ist das kein Problem, ich erhalte sofort per Mausklick den deutschen Text. Ich antworte und teile ihr voller Freude mit, wie einfach diese Methode doch ist, die wir weiterhin benutzen sollten, damit sie sich keine Umstände machen muss. Als ich meinen auf Hebräisch verschickten Text zur Sicherheit zurück auf Deutsch übersetze, lese ich erschrocken: „So einfach geht das, siehst Du, mein Schatz." O Gott, hoffentlich bekommt sie das Wort nicht in den falschen Hals, denke ich erschrocken. Zwei Wochen später erhalte ich einen sehr langen englischen Text (wahrscheinlich hat Natascha endlich Zeit gefunden). „Bestimmt werden nun all Deine Fragen beantwortet", schreibt sie mir dazu. Ich spüre die Erleichterung in diesem Satz. Auf meinen Brief geht sie mit keiner Silbe ein.

Die Geburtsstadt ihrer Familie befindet sich seit Generationen in jenem Teil Galiziens, der nach dem Zusammenbruch der Habsburger Monarchie zu Polen kam, jetzt zur Ukraine gehört. Von den Höhenzügen aus kann man auf die gesamte am Fluss Seret sich dahinstreckende Stadt hinunterblicken. Wahrscheinlich hatten ihre Vorfahren an freien Tagen dorthin regelmäßig Ausflüge unternommen, sich vielleicht auf eine Decke gesetzt und gepicknickt. Vor dem Krieg lebten in Tschortkiw etwa dreißigtausend Menschen, ein Drittel davon Juden, die als Ärzte, Zahnärzte, Architekten, Bankleute, Handwerker und Händler arbeiteten. Viele gingen nach Wien, entweder zum Studium oder um einen Beruf zu erlernen. Üblicherweise erhielten auch Mädchen eine Ausbildung. Die jüdische Infrastruktur zeigte sich sehr gut ausgebaut, es gab Synagogen, Jeschiwot (hebräische Schulen) mit Turnhallen, man richtete sogar eine Küche für Arme und Alte ein. Ultraorthodoxe existierten neben Religiösen, Säkulare neben Zionisten, die es nach Eretz Israel zog, wo sie Kibbuzim gründeten und Städte wie Tel Aviv.

Natürlich ist Neri jedes einzelne Familienmitglied sogar der Großelterngeneration vertraut, etwas anderes ist bei den in ihren Traditionen lebenden Familien nicht zu erwarten.

Der Großvater väterlicherseits hieß Schimon, seine Frau Zoscha, mit der er drei Kinder hatte. „David, mein Vater", schreibt sie, „seine Schwester Rachel und sein jüngerer Bruder Israel." Schimon, ein in der Gemeinde angesehener Mann mit einer angenehmen Stimme, belieferte die Stadt mit Fisch. Sie wohnten in einem dreistöckigen, modernen Haus mit Strom und Badezimmer, das für die damalige Zeit im europäischen Osten alles andere als selbstverständlich war. Es steht am Rynok, am Ring, dem Markt. „Ich habe unser Haus mehrmals besucht", erklärt sie. Der Großvater mütterlicherseits Elieser heiratete Hinda. Sie hatten vier Kinder: die Älteste, Pnina, wurde Neris Mutter; die anderen hießen Schlomo, Aliza und Judith.

Als ein Pars pro Toto steht die Geschichte der Juden für die verheerende Geschichte Europas im 20. Jahrhundert. Obwohl generell eine normale Nachbarschaft zwischen Juden und Polen herrschte, entstand schon früh Missgunst gegenüber der jüdischen Bevölkerung, deren Kinder bereits im Alter von drei, vier Jahren Lesen und Schreiben lernten und als sehr klug galten, vielleicht etwas klüger waren als die der Nachbarn. „Bald kam ein unerklärlicher Hass gegen Juden auf, nicht nur von Seiten der polnischen Bevölkerung, mehr noch von den Ukrainern, Litauern; eigentlich war das die vorherrschende Stimmung in ganz Europa. Es wurden Verordnungen gegen Juden erlassen, die ihr Leben willkürlich einschränkten. Wohl denen, die die Zeichen der Zeit verstanden!", schreibt sie weiter.

Ihr Großvater Elieser, ein weltläufiger Mann, reiste 1920 nach Amerika, besuchte New York, tat sich unter den Juden in Brooklyn um, bereiste 1929 Palästina und stellte fest: Wenn ihre Familie auswandern sollte, dann ins Heilige Land. Unmittelbar nach der Heirat von Neris Eltern brachte Elieser die Familie mütterlicherseits in zwei Gruppen tatsächlich nach Palästina, was nicht einfach war. Die Briten erlaubten im Großen und Ganzen nicht die Alija, die Rückkehr der Juden – eine Bezeichnung seit dem babylonischen Exil. Ohne das Fälschen von Dokumenten wäre die Einwanderung nicht möglich gewesen. „1933 wurde meine Schwester Ahuva geboren, drei Jahre danach reiste meine Mutter mit ihr in die alte Heimat, um die Enkelin den dort verbliebenen Verwandten vorzustellen, wie es in jüdischen Familien Brauch ist. Üblicherweise stellt man den

Nachwuchs bald nach der Geburt sämtlichen Verwandten vor. Aber die große Entfernung ließ sie dann doch länger warten. Gleichzeitig wollte sie alle zur Emigration nach Palästina überreden. Aber sie blieben, blieben in der Hoffnung, dass schon nichts passieren würde."

Ab dem 17. September 1939 fielen die sowjetischen Truppen in Ostpolen ein, schnell erreichten sie Tschortkiw. Sofort wurden jüdische Schulen geschlossen, dafür in den anderen zwangsweise Russisch eingeführt, die wohlhabenden Bewohner nach Sibirien verbannt, viele junge Männer für die Rote Armee rekrutiert, die Läden mitsamt den Waren verstaatlicht. Die Polen hatten Massendeportationen und Erschießungen zu erleiden. Waren diese Eingriffe in das Leben durch die Sowjets rigide und menschenverachtend genug, gewannen mit den Deutschen 1941 Wahnsinn und Hass in ungekanntem Ausmaß Oberhand. Sie schreibt: „Gott war während der Kriegsjahre nicht anwesend, nur Menschen, die sich tausendmal schlechter verhielten als die grausamsten in der Welt bekannten Raubtiere."

Fast alle Juden wurden gettoisiert und 1942 erschossen. Wie der väterliche Zweig der Familie starb, darüber weiß Neri nichts Genaues. Nur das Ende des Großvaters Schimon und seines Sohns Israel ist bekannt. Zwei voneinander unabhängige Quellen berichteten, dass Ukrainer in Begleitung von deutschen Soldaten die beiden mit siebzehn weiteren Juden (sogar diese Zahl ist überliefert) vor die Stadt trieben, wo sie sich ausziehen mussten und zu Tode gefoltert wurden. Israel hatte sich geweigert, auszuwandern, weil er Vater und Mutter nicht allein lassen wollte. Die letzten Zeilen in Neris Brief lauten: „Mögen ihre Seelen in Frieden ruhen."

In unserem Gespräch in Haifa hatte ich sie gefragt, wie es sich in Israel lebe, ob sie zufrieden sei. „Oh, hier lebt es sich gut", sagte sie und spielte mit dem silbernen Anhänger auf ihrer Brust, „was denn sonst."

Ich begreife erst jetzt die ganze Dimension ihrer Antwort.

Später schreibt sie mir, wenn ich wieder nach Israel komme und in Haifa sein werde, sollte ich sie besuchen. Sie backt einen wunderbaren Apfelstrudel, den ich mir nicht entgehen lassen sollte, auf keinen Fall.

9.

DER LANGE WEG
Über Israel nach Jerusalem

Es ist, als wäre ich schon immer unterwegs nach Jerusalem gewesen. Wenn ich an Israel dachte, dachte ich zuerst an Jerusalem, natürlich ebenso an die moderne Metropole Tel Aviv, an den See Genezareth mit dem über das Wasser laufenden Jesus und den Jordan, in dem er von Johannes getauft wurde – so die Bibel, dachte an das Tote Meer und die Negev und die Kibbuzim, aber vor allem dachte ich an Jerusalem, als stünde eine Stadt für ein ganzes Land.

Nun ist es sehr einfach: Jerusalem erreiche ich von Tel Aviv aus innerhalb einer Stunde über den Highway 1. Nicht weit vom Asphalt der Straße erinnert ein Denkmal, das wie eine überdimensionale Panzersperre aussieht, aber angesichts der sich unmittelbar dahinter erhebenden Hügel in der bewaldeten Landschaft beinahe zu verschwinden scheint, an die Geschichte der Straße, die mit der Zeit der massiven Einwanderung, den dreißiger, vierziger Jahren des vorigen Jahrhunderts, eng zusammenhängt. Als die ins Land strömenden Juden von der Küste, von Tel Aviv aus ins Innere des britischen Mandatsgebiets und vor allem nach Jerusalem drängten, wurden sie von den hier ansässigen Arabern bekämpft.

Der gefeierte ungarisch-britische Schriftsteller Arthur Koestler, der mit *Sonnenfinsternis* nicht nur den großen Abrechnungsroman mit dem Kommunismus, sondern damit auch einen Bestsellerroman geschrieben hat, schildert in seinem Buch *Diebe in der Nacht* die Gründung einer jüdischen Siedlung in Palästina, den Terror der Araber, aber auch den Gegenterror militanter jüdischer Gruppen, was in eine kaum mehr aufzuhaltende Spirale der Gewalt mündet. Die Überfälle der Araber auf genau diese Straße werden ebenso erwähnt. Jeder einzelne Lastwagen, immer überladen und nicht gepanzert, der durchkam, wurde in Jerusalem stürmisch gefeiert, er galt als Symbol für den Aufbauwillen des jüdischen Volkes. Koestler war selbst Augenzeuge, er lebte am Vorabend des Zweiten Weltkrieges in einem Kibbuz, beendete den Roman in Jerusalem.

Später lese ich eine Zahl, die ich nicht erwartet hatte und mich erschüttert: Einhunderttausend jüdische Ankömmlinge, gerade dem aufflammenden Antisemitismus in Europa entkommen und unter schwierigen Bedingungen ins Land gelangt, sollen auf diesem Highway ihr Leben gelassen haben: eine Straße der Toten.

Endlich in Jerusalem! Es ist dunkel und um einiges kühler als in Tel Aviv, als ich in der *Stadt des Friedens* eintreffe, die diesen Namen seit eintausendfünfhundert Jahren trägt – eine merkwürdige Bezeichnung für eine Stadt, in der es unter der Oberfläche weithin hörbar brodelt, die oft genug jählings und blutig durchbrochen wird. Im Westteil, in dem breite Straßen mit Bäumen, Villen, umgeben von Gärten, kleine Parks zwischen Häuserreihen das Bild bestimmen, zieht die vollbesetzte Stadtbahn vorüber. Die vorherrschende Farbe der Gebäude ist ein helles Braun, von Mauern hängen intensiv rot leuchtende, Kaskaden bildende Blüten herab. Die Stadt ist nicht nur sehr weiträumig, für Fußgänger stellen auch die zahlreichen Hügel eine unerwartete Herausforderung dar. In einer Spätverkaufsstelle greife ich nach einem *Goldstar*. Aber das Bier wird mir verwehrt: Ab 23 Uhr darf in Jerusalem kein Alkohol mehr über die Straße verkauft werden. Es ist 23.05 Uhr, Ausnahmen werden nicht gemacht. Der vierschrötige Mann hinter der Theke, die Handflächen auf die Glasplatte gestützt, schüttelt rigoros den Kopf. Ich spüre, ach was, ich weiß, ich habe keine Chance. Wer glaubt, in der Levante seien amtliche Anordnungen lediglich dazu da, übertreten zu werden, der hat sich tatsächlich getäuscht.

Auf dem Weg zurück ins Hotel kehre ich in eine Pizzeria ein, Treffpunkt der israelischen *Jeunesse dorée*, auf die ununterbrochen aus einem Lautsprecher Diskomusik herabrieselt. Um die Musik zu übertönen, werden die Stimmen der jungen Leute immer lauter. Sie sind sich selbst genug und scheren sich um niemanden sonst. Ein Pärchen von ihnen lehnt sich weit über den Tisch, um sich zu küssen, die Beiden halten die Augen dabei offen, ohne von den anderen beachtet zu werden.

10.

ICH BIN ISRAELIN MIT HERZ UND SEELE
Mit Lea Fleischmann auf eine Tasse Kaffee

„Sie fahren mit dem 480er Bus von Tel Aviv bis zur Endstation in Jerusalem, nehmen von dort die Stadtbahn in Richtung Herzlberg. Es gibt nur eine Linie. An der dritten Station, Kikar Denia, steigen Sie aus, die Eisdiele Kazefet werden Sie finden", schrieb mir Lea Fleischmann. Ich hatte die namhafte Schriftstellerin in Dresden bei einer Lesung kennengelernt. „Wenn Sie das erste Mal nach Israel kommen", sagte sie damals zu mir, „kennen Sie immerhin schon jemanden: mich."

Sie trifft wenige Minuten nach mir vor der Eisdiele ein, aber noch vor der vereinbarten Zeit: eine hochgewachsene, dabei schlanke, aparte Frau. Ich gehe ihr entgegen, wir erkennen uns nach fünf Jahren sofort und umarmen uns zur Begrüßung. Wir suchen hinter einer hüfthohen Hecke im Garten einen freien Tisch und bestellen Kaffee, Straßenlärm hüllt uns ebenso ein wie die englischsprachige Popmusik aus dem Inneren des Gebäudes.

Lea Fleischmann wurde 1947 in einem DP-Lager in Oberbayern geboren. Sie gehörte zu den *displaced persons*, ihre polnischen Eltern hatten als Holocaustüberlebende ihre Heimat verloren. Sie wollten in die amerikanische Zone und verbrachten danach zehn Jahre in einer ehemaligen Kaserne der Wehrmacht, in dem die einzige Sprache Jiddisch war. Mit ihr haben die Eltern nicht gesprochen, aber durch die Gespräche der Erwachsenen untereinander erfuhr sie von den furchtbaren Geschichten des Holocausts, der ein Teil von ihr werden sollte, obwohl sie ihn nie erlebt hatte. Die Bewohner des Lagers zog es entweder nach Amerika oder Israel, niemand jedoch wollte in Deutschland leben. Fleischmanns Eltern entschieden sich schließlich fürs Hierbleiben. Sie studierte Pädagogik, arbeitete als Studienrätin an einer Fachschule für Sozialpädagogik und heiratete einen jüdischen Mann, verließ aber 1979 Deutschland mit ihren beiden Kindern und lebt seitdem in Israel. Fleischmann wusste nicht, worauf sie sich einließ. Sie kannte Israel bisher nur als Touristin, ihr war lediglich klar, dort verhungert niemand. „Du hast zwei Hände, hast einen Kopf, es wird sich schon irgendetwas finden."

Ein Jahr nach ihrer Übersiedlung erschien ihr erstes Buch mit dem ebenso ultimativen wie provozierenden Titel *Das ist nicht mein Land. Eine Jüdin verlässt die Bundesrepublik,* das es bis auf die *Spiegel*-Bestsellerliste schaffte. Die Reaktionen waren durchweg positiv, sogar ehemalige Kollegen hatten ihr geschrieben. Ursprünglich wollte sie nach einer Umschulung als Lehrerin anfangen; Schriftstellerin zu werden, daran hatte sie nie gedacht. Ihr Verleger Hans-Helmut Röhring indessen machte sich auf den Weg zu ihr und sagte: „Sie können gut beobachten, Sie schreiben auch gut. Schreiben Sie! Ich verlege Ihre Bücher." Sie hat sich erst in Israel zu einer Schriftstellerin entwickelt. Aber im Grunde genommen, gesteht Lea Fleischmann, ist sie Lehrerin geblieben.

Warum sie Deutschland verlassen hat?

„Ich hatte einen deutschen Pass, aber eine Deutsche war ich nicht. Wenn ich dortgeblieben wäre, hätte es mir die Kehle zugeschnürt." Letzten Endes haben Beamte den Holocaust ausgeführt, was ihr erst klar wurde, als sie selbst Beamtin geworden war. Sie dachte, wenn Deutschland wieder von einer großen Arbeitslosigkeit erfasst wird, die Menschen verarmen, eine neue Regierung mit neuen Gesetzen kommt – Beamte werden sie umsetzen, gleichgültig, wie ihr Inhalt lautet. Sie haben nichts anderes gelernt, als auszuführen. Das alles in Verbindung mit ihrer eigenen Biographie hat Fleischmann bewogen, Deutschland mit seinem individuellen und dichten Sicherheitsnetz zu verlassen. Wenn sie Deutsche gewesen wäre, hätte sie versucht, dieses Land auf demokratischem Weg zu ändern, vielleicht indem sie in eine Partei eingetreten wäre.

Alle weiteren Bücher schrieb sie ebenfalls auf Deutsch. Sie spricht zwar gut Ivrit, doch um Bücher zu schreiben, muss man die Sprache so gut wie die Muttersprache beherrschen. Weil ihre Bücher nur in der Bundesrepublik erscheinen, ist sie als Schriftstellerin in Israel nahezu unbekannt. Lea Fleischmann hat die *Kulturelle Begegnungsstätte*, eine Bildungsinstitution für deutsche Israelbesucher, gegründet. Sie selbst ist oft zu Schulveranstaltungen in der Bundesrepublik unterwegs, hat viele Projekte entwickelt. Eines davon steht im engen Zusammenhang zu ihrem Buch *Schabbat. Das Judentum für Nichtjuden verständlich gemacht*. In dem Projekt sollen Lehrer beispielsweise lernen, dass ihr Sonntag im Schabbat wurzelt. Sie geht damit zu ihrem ursprünglichen Beruf zurück. Lea Fleischmann sieht ihre Aufgabe darin, Brücken zwischen Deutschland und Israel, zwischen Christen und Juden zu bauen. In Deutschland beobachtet sie ohnehin seit einiger Zeit zunehmend Tendenzen, sich aus ernsthaftem Interesse heraus mit jüdischen Fragen zu beschäftigen. Ihre Aktivitäten werden sehr wohl zur Kenntnis genommen, für die sie dann auch von der Bundesrepublik im Januar 2019 mit dem Verdienstorden am Bande ausgezeichnet worden ist.

Sie nippt an ihrer Tasse, schaut auf die lebhafte Straße und erzählt weiter. Eine wesentliche und gleichsam völlig unerwartete Veränderung in ihrem Leben ereignete sich nach ihrer Übersiedlung: Sie wurde religiös. In ihrem gemeinsam mit dem aus Ostberlin stammenden Schriftsteller Chaim Noll geschriebenen Buch *Meine Sprache wohnt woanders* heißt es: „In Jerusalem fügten sich die Brüche in meinem Leben zu einer Einheit zusammen. Ich erkannte, dass es keine Zufälle gibt, sondern dass unser Leben in ein göttliches Konzept eingebettet ist." Früher war Judentum für sie immer mit dem Holocaust verbunden, die Bibel interessierte sie überhaupt nicht. Sie dachte, was hätte sie als moderner Mensch mit diesen Märchen zu tun? Erst da sie Hebräisch lernte, lernte sie auch, die Thora zu lesen, den ersten Teil des Tanach, der hebräischen Bibel. „Man dringt in eine phantastische Welt ein. Wie viele Bücher gibt es, die jeden Tag gelesen werden? So alt die Thora ist, sie gewinnt weiter an Kraft. Ich bin fest davon überzeugt, Hebräisch wird eines Tages Weltsprache werden. Immer mehr Menschen werden ergründen wollen, was sie trägt."

Die Kirche hat versucht, sich von ihren jüdischen Wurzeln zu trennen. Das sei so, erklärt Lea Fleischmann, als schneide man eine wunderschöne Pflanze mit ihren Blüten von der Wurzel ab. Sie bringt immer etwas Neues hervor, die Pflanze jedoch verwelkt. Und das passiert, wenn sich das Christentum vom Judentum trennt.

Die Schriftstellerin hat durch die Lektüre der Thora jüdische Lebensformen angenommen, als Pars pro Toto mag der Schabbat gelten. Er ist nicht nur schlechthin ein wichtiger Tag, der die ganze Woche strukturiert. Er beinhaltet ebenso das Nichtarbeiten wie das geistige Befreien von der Arbeit. Donnerstagnachmittag schließt Fleischmann ihr Büro, geht einkaufen, am Freitag, dem Rüsttag, wird gekocht und sich auf den Schabbat vorbereitet. Freitagabend ist die Sabbatfeier, zu der die Familie zusammenkommt. Ihr ist wichtig, sich schon seit dem Donnerstag nicht mehr mit Arbeit zu beschäftigen, nicht einmal E-Mails werden gelesen.

Die meisten der in Deutschland, besonders in Berlin lebenden Israelis haben das Land nach dem Armeedienst verlassen, entweder des Studiums wegen oder einfach nur, um in die alte Heimat der Großeltern zu kommen. Man nennt sie etwas spöttisch Milkys, benannt nach dem mittlerweile berühmten israelischen Pudding, dessen Pendant in Deutschland viel preiswerter ist. Sie lassen sich dort nieder, wo das Leben bequemer und alles billiger ist. Natürlich kann man als Jude in Deutschland leben. Wenn man religiös ist, schließt man sich einer Gemeinde an, geht in eine Synagoge, doch außerhalb Israels findet man nicht den religiösen Geist.

Lea Fleischmann lebte zweiunddreißig Jahre in Deutschland, inzwischen vierzig in Israel. Sie hat in diesem Land mit seiner großartigen geistigen Kraft alles gefunden, was ein Mensch braucht. Es gibt auch hier Leute, die im Konsumrausch leben, man kann alles kaufen. In Israel müssen so viele unterschiedliche Menschen auf engem Raum miteinander auskommen, was manchmal zu Schwierigkeiten führt. Aber man lernt, sich selbst zurückzunehmen.

Enttäuscht ist sie von Europa, das blauäugig eine zu einseitig orientierte Politik betreibt. Allen voran die deutschen Medien zeichnen ein voreingenommenes Israelbild, was die Wirklichkeit verzerrt wiedergibt. Es wird ein Szenario entworfen, nach dem das Leben in Israel in permanenter Gefahr ist. Freilich existiert die von Gaza und aus dem Westjordanland ausgehende Gewalt. Fleischmann fühlt sich selbst nicht bedroht, hat allerdings sehr gut die Zeit in Erinnerung, als die Busse durch Selbstmordattentäter in die Luft flogen. Damals sagte sie sich, dass ihr Leben nicht in ihrer Hand liegt. Es ist wie mit einer Krankheit, die trotz aller Voruntersuchungen ausbrechen kann. Dieses Gottvertrauen hat sie erst hier gelernt. Im Grunde möchte jeder Israeli zum Ausgleich mit den Palästinensern kommen. Doch Israel kann noch so viele Vorschläge zur Lösung der verfahrenen Situation machen, sie werden sowohl von der Hamas genauso wie von der PLO abgelehnt. Bedauerlicherweise können die Palästinenser ihre Führung nicht frei wählen und damit den Weg, den sie einschlagen wollen. Und wenn sie gegen ihre Führung aufbegehren wie im März 2019 gegen die Hamas in Gaza, dann werden sie niedergeknüppelt und verfolgt. Man kann nur Frieden mit jemandem finden, der ihn auch will. Lea Fleischmann zweifelt nicht daran, irgendwann wird es Frieden geben. Israel geht auf die arabische Welt zu, regt den Technologieaustausch und überhaupt die Zusammenarbeit mit den Golfstaaten an. Das Palästinenserproblem, das wird allmählich erkannt, ist nicht das Hauptproblem im Nahen Osten.

Angelika Schrobsdorff, die deutsche Schriftstellerin, die sich sehr kritisch mit der israelischen Politik auseinandergesetzt und lange in Jerusalem gewohnt hat, ist verbittert und enttäuscht nach Deutschland heimgekehrt. „Ich muss zurück", sagte sie selbstironisch, „ich kenne das Wort Bettpfanne nicht auf Hebräisch." Lea Fleischmann dagegen kann sich nicht vorstellen, dieses Land zu verlassen. „Ich bin Israelin mit Herz und Seele. Ich habe einen israelischen Pass und meinen deutschen zurückgegeben. Ich habe nicht diese Identitätsspaltung, ich bin nur Israelin. Meine Kinder sind hier, meine Enkel auch. Mein Sohn spricht noch ganz gut Deutsch, meine Tochter nicht mehr so sehr und meine Enkel überhaupt nicht. Was dieses Land an Gutem und Schlechtem hat – ich bin ein Teil davon."

„Wann sehen wir uns wieder?", frage ich zum Abschied.

Sie trinkt ihren Kaffee aus und schenkt mir ein leises Lächeln. „Wer weiß."

11.

AUF DER SUCHE NACH GEFILTE FISCH
Tag und Nacht in Jerusalem

„*Manishma?*", fragt Yakob. „Wie geht's?" Er umarmt mich besonders herzlich zur Begrüßung, schließlich haben wir uns einige Tage nicht gesehen.

„*Sababa*", lautet meine Antwort auf Hebräisch: prima.

Manchmal Rhabarber – diese Eselsbrücke hilft in Zweifelsfällen. Mittlerweile beherrsche ich die Begrüßungsformel, wenigstens die. Sosehr es Yakob erfreuen könnte, wenn ich mich als seinen gelehrigen Schüler zeige, er macht ein mürrisches Gesicht, sein Auto ist kaputt, für mindestens zwei Tage in der Werkstatt. Wir müssen für die Fahrt zum Markt Mahane Yehuda ein Taxi nehmen. Der Fahrer, ein junger Mann mit Dreitagebart und Kippa, fixiert mich im Rückspiegel und beginnt munter zu erzählen, als er merkt, dass ein Ausländer zugestiegen ist.

„Wir haben seit 1948 Kriegszustand, seit der Gründung des Staates, doch zum Glück nicht immer Krieg. Hoffentlich kommt es nicht zur nächsten Intifada. Das wäre eine Katastrophe."

Als ich die Zweistaatenlösung erwähne, durch die es vielleicht keine Intifada mehr gäbe, winkt er ab und bläst geräuschvoll Luft aus: „Bloß nicht! Frieden mit den Palästinensern bedeutet doch nicht automatisch mehr Sicherheit für Israel. Wenn wir aber schon die Westbank räumen, dann darf die

Hamas dort nicht das Sagen haben, das wäre unser Untergang. Das Beste ist, es wird nie einen Palästinenserstaat geben."

Eine Friedenslösung zwischen zwei unabhängigen Staaten Israel und Palästina scheint weiter denn je entfernt zu sein, niemand wirklich daran zu glauben, keine der Konfliktparteien dafür Kompromisse eingehen zu wollen. Sooft in den vielen Gesprächen, die ich führte, die jetzige Situation beklagt wurde, das Nebeneinander von zwei Staaten betrachtete tatsächlich niemand als realistisch. Yakob meint nachher, der günstige Zeitpunkt dafür sei wahrscheinlich verstrichen. Was mit dem Abkommen von Oslo möglich schien, ist nicht zuletzt auch durch den Tod von Yitzhak Rabin in weite Ferne gerückt. „Nicht auszudenken", sagt Yakob, „wenn nicht der israelische Extremist Jigal Amir Rabin erschossen hätte, sondern ein Palästinenser."

Über den Markt spannt sich ein Dach, auf beiden Seiten der schmalen Gassen quellen die Stände über von Obst und Gemüse, von Gewürzen und Getränken. Die Käufer schieben sich über die asphaltierten Wege, über die laute Rufe der Händler ziehen, die ihre Waren anpreisen. In einem kurdischen Restaurant essen wir Kibbeh, aus Bulgur bereitete, eiförmige Klöße mit Gemüsefüllung, die frittiert werden. Um die Ecke wird in einem georgischen Imbiss Chatschapuri, das beliebte „Gericht für zwischendurch", serviert: ein rundes überbackenes Käsebrot, das ein hoher Rand umgibt; in der Mitte schwimmt ein rohes Ei. Mit dem abgebrochenen Stück des Randes wischt man den Inhalt auf – wieder ein Essen, zu dem kein Besteck benötigt wird wie beim Hummus. Die junge Frau hinter der Theke ist bereits in Israel geboren, gehört genauso wie Yakob zu den Sabres, sie spricht im Gegensatz zu ihren jüdischen Eltern kein Russisch mehr.

„Und Gefilte Fisch", frage ich Yakob ungeduldig.

„Die Küche der osteuropäischen Juden ist wenig präsent", lautet die Antwort. Was mich erstaunt, macht doch der Anteil der Juden aschkenasischer Abstammung heute immer noch siebzig Prozent aus, 1939 betrug er gar vierundneunzig Prozent. Die Welt des Schtetls, in der Jiddisch gesprochen wurde und der Sabbat Schabbes heißt, neben räumlicher Enge bitterste Armut herrschen konnte, aber auch Frömmigkeit, die den Juden Würde gab, diese Welt ist versunken – und damit ihre Kultur, die sich nur in der Diaspora erhalten hat.

Plötzlich kommt Yakob eine Idee. Er läuft zügig voran und verhandelt an einem Stand mit dem Händler, der auf schmaler Theke Heringe und Oliven anbietet, in den Regalen reihen sich Konserven und Plastiktüten aneinander. Kundinnen drängeln und feilschen, schieben Geld über die Theke. Mir wird ein Plastikteller gereicht, auf dem ich ein Gericht vorfinde: in der Mikrowelle erhitzte dreieckförmige Stücke von bräunlicher Farbe, denen ich mehr als skeptisch begegne.

„Kugl", ruft Yakob und strahlt mich an, „das ist zwar nicht Gefilte Fisch, aber Kugl."

Ich muss nun essen, ich habe keine Wahl. Kugl ist, wie ich erfahre, das andere klassische Gericht der osteuropäischen jüdischen Küche, das hauptsächlich am Sabbat gegessen wird: ein süßlicher Nudelauflauf mit fein gehackten Nüssen, zu dem geviertelte Salzgurken gereicht werden – im Grunde ein schlichtes Mahl. Der Name stammt aus dem Deutschen und leitet sich wohl von der früher verbreiteten runden Form ab, die an einen Kloß erinnern mag.

Eine Kundin wendet sich mir zu, tritt nah an mich heran, sie spräche zwar nicht Deutsch, meint sie, verstünde es jedoch, ihr *grandfather* sei Deutscher gewesen. Aber ich hätte höchstens ein paar Worte auf Englisch zu meinem Begleiter gesagt, versichere ich, wie könne sie wissen, woher – „Ich bitte Sie", unterbricht sie mich lächelnd und schüttelt den Kopf. Es sollte mir noch oft passieren, dass ich als Deutscher ausgemacht werde, wodurch eigentlich? Woran erkennt man Deutsche, zumal wenn sie nicht einmal Deutsch sprechen? Ist es mein Gesichtsausdruck, mein Habitus? Deutsche gelten als ordentlich, pünktlich, zuverlässig – preußische Tugenden, die man jemandem ansieht? Ich bin bekleidet wie alle anderen Männer hier auch: Jeans, Hemd, Windjacke. Werde ich enttarnt in dem Sinne, dass mit dem Finger auf mich gezeigt wird? Man weiß nie, was auf einen zukommt. Mir erzählte jemand, selbst kleine Kinder von deutschen Einwanderern können mitunter am Jom Haschoa einen Spießrutenlauf erleben. Allerdings ist es wirklich nur eine einzelne Stimme.

Aber die Frau sagt: „Ich höre Ihre Sprache gern, sie erinnert mich an meine Kindheit."

Ach, mir fällt ein Stein vom Herzen, ich bin beruhigt und schaue ihr offen ins Gesicht: die Falten um die Augen, die grau und müde sind. Dann gibt sie sich einen Ruck und sagt: „Ach bitte, sprechen Sie etwas, irgendwas."

Ich verstehe sofort, ohne zu zögern, sage ich: „Guten Tag", und weiter: „Wie geht es Ihnen. Ich hoffe doch, gut."

„*Very good, thank you.*"

In ihr Lächeln hinein frage ich sie, ob sie jemals in Deutschland gewesen sei, vielleicht in der Stadt ihres Großvaters. Sie umfasst die Henkel der Handtasche fester, so fest, dass ihre Knöchel weiß werden, gleich darauf taucht sie ohne eine Erklärung in den Strom der Käufer ein.

Am Abend gehen wir ins Machne Yuda, von dem Yakob behauptet, es sei das beste Restaurant Israels. Es erinnert an ein heimisches Szenecafé mit umlaufender Empore, zu der Holztreppen führen, Musik schlägt dem Gast entgegen, ägyptische, palästinensische und jüdische Lieder, deren wilder Rhythmus mitreißend ist, und tatsächlich beginnt das Publikum begeistert zu klatschen, die Frauen springen schließlich auf die Stühle, tanzen und schwingen die Röcke, während die Männer ihre Hände auf die Tischplatten schmettern. Die jüdischen Melodien erinnern mich an jene Zeit, als der moderne Staat Israel ausgerufen wurde, die Siedler neben ihrem Glauben an Gott nichts anderes hatten als ihre Lieder und freilich die Feindschaft der Araber sowie das Misstrauen der britischen Mandatsmacht. Es sind jene Lieder, die von den Tausenden Demonstranten um die Kunststudentin Daphni Leef herum auf dem Rothschild Boulevard gesungen wurden, die für bezahlbaren Wohnraum in Israel demonstrierten. Sie campierten über Wochen auf Tel Avivs erster Straße, riefen die Pionierzeit des Landes ins Gedächtnis und mahnten den Gleichheitsgedanken an, das längst vergessene sozialistische Ideal.

Das Personal singt beim Servieren, die Platten füllen bald den blank gescheuerten Holztisch: gegrillte Lammkotteletts, Rindersteaks, Hummus, Salate. Ich kann gar nicht anders, als beim Essen meinen Oberkörper im Rhythmus der Musik zu wiegen.

12.

DIE GESCHICHTE EINES GEBÄUDES

An der Bar im King David Hotel

Am Abend des nächsten Tages sitzen wir im King David Hotel, in Sesseln, in denen wir versinken, trinken grünen Tee und warten auf Leah, eine Freundin von Yakob.

Ich erzähle ihm, dass ich in der gestrigen Nacht noch durch Jerusalem gestreift bin und mir plötzlich eine Handvoll junger Männer mit getönter Hautfarbe entgegengekommen wäre. Sie steuerten entschlossen auf mich zu. Ich wechselte zügig die Straßenseite. „Yakob, bin ich ein Rassist?"

„Du bist ein kluger Mann. Das ist alles. Was ist los mit euch Deutschen, ihr macht aus allem ein Problem. Du hast dir doch nichts vorzuwerfen. Wo warst du unterwegs?"

„Im muslimischen Viertel."

„Du bist doch kein kluger Mann."

Ich ging die King David Street hinunter, schlenderte durch ein sich lang dahinstreckendes Einkaufszentrum, die Geschäfte hatten bereits geschlossen, vor den Restaurants wurde ich freundlich, aber bestimmt abgewiesen, weil man sich offensichtlich auf den Feierabend vorbereitete. Plötzlich befand ich mich am Jaffa-Tor. Aus dem Falafel-Laden schlug noch Licht aufs Pflaster, in dem einige Araber gestikulierend auf Stühlen saßen. Orthodoxe Juden in schwarzen Anzügen und Hüten, mit Gebetsriemen und Schläfenlocken, eilten ins armenische Viertel, von dem aus es ins Judenviertel geht. An Details ihrer Kleidung erkennt der Insider, aus welchem Schtetl Osteuropas ihre Vorfahren stammen. Noch viele Jahre nach der Emigration wird die Erinnerung an die Herkunft ihrer Familie wachgehalten, obwohl deren Heimat nicht mehr existiert oder vielleicht gerade deshalb. Ob Neri diese Sprache versteht, Neri Lilenfeld aus Haifa? Eine aus fünf, sechs Soldaten bestehende Militärstreife, die automatischen Waffen vor der Brust, zog über den Platz; der feste Tritt ihrer Stiefel hallte durch die Nacht. Sie vermittelte einen martialischen Eindruck, der Attentäter abschrecken und ein Gefühl von Sicherheit verbreiten soll? Ich tauchte ein in das hier kaum beleuchtete muslimische Viertel, bog von der breiten Gasse, wo Geschäft auf Geschäft folgt, in verwinkelte Gässchen ab und fühlte mich nicht bedroht. Aber was heißt das schon?

Die jungen Männer, denen ich ausgewichen war, kamen mir erst auf dem Rückweg in Westjerusalem entgegen.

Weil Leah noch nicht eintrifft, mache ich mich auf, das King David Hotel zu erkunden. Von der Empfangshalle aus reihen sich zusammenhängende, sehr hohe Säle aneinander, am Ende leuchtet die mit Spiegeln versehene Stirnwand auf, vor der in Regalen Flaschen mit verschiedenfarbigem Inhalt stehen, die im Licht verlockend leuchten.

Der Barkeeper poliert ausdauernd ein Glas und lächelt mir aufmunternd zu. Er erzählt, dass er, jüdischer Äthiopier, in dem afrikanischen Hungerjahr 1984 mit Tausenden anderen nach Verfolgung und Flucht ausgeflogen worden sei: barfuß und kaum bekleidet. Die Operation trug den Namen Moses. Wenn es Israel nicht gegeben hätte ... In Äthiopien herrschte eine

Militärdiktatur unter Mengistu Haile Mariam, die das Land sozialistisch umgestaltete mit Umsiedlung, Verstaatlichung von Banken, Enteignung von Großgrundbesitzern und Kollektivierung, wodurch die Hungersnot gesteigert wurde. Den äthiopischen Diktator habe ich noch in Erinnerung, er war zu Gast bei Erich Honecker, wurde im offenen Wagen durch Ostberlin kutschiert und bekam einen riesigen Aufmacher im *Neuen Deutschland*, der Zeitung der Regierungspartei – zwei Diktatoren unter sich. Ich erzähle dem Barkeeper, dass ich in Ostberlin geboren bin.

Er zuckt fragend die Schultern: *„East Berlin, what is it?"*
„The capitol of the GDR."
„GDR?"
„German Democratic Republic."
„Sure, Germany of course."

Den Unterschied zwischen Germany und GDR kennt er nicht, weil GDR schon vergessen ist oder er noch nie davon gehört hat – ein gutes Zeichen?

Ob ich was trinken will? Ich winke ab, gebe ihm wohlwollend zu verstehen, als könnte ich ihm dadurch ein Kompliment machen, dass ich auch in einem guten Hotel wohne, dieses hier dagegen besser sei, wie ich zweifellos feststelle. Er grinst mich breit an und sagt selbstbewusst: *„That's the best, the best in Jerusalem."*

Ich nicke verlegen und spüre erst jetzt die weichen Teppiche, in denen ich einsinke, nehme draußen die beleuchtete Swimmingpool-Anlage unter der ausladenden Terrasse zwischen Palmen, Oleander, Agaven wahr. Die dezent angebrachten Fotos an den hohen Flurwänden geben die Geschichte des Hauses wieder: Eröffnung 1920, Militärparade zum Geburtstag des britischen Königs George V. 1925, der Besuch von Haile Selassie von Abessinien und von König Alfons von Spanien, Golda Meir, Olaf Palme, Angela Merkel.

„Es ist weltbekannt", sagt Yakob, „aber nicht allein wegen seines festungsartigen Baus und der gediegenen Pracht." 1946 verübte die zionistische Terrororganisation Irgun einen Bombenanschlag auf das Haus, in dem Teile der britischen Mandatsregierung und Armee für Palästina untergebracht waren. Bei dem Anschlag starben mehr als neunzig Menschen, obwohl es mehrere telefonische Warnungen gab. Niemand hatte die Anrufe ernstgenommen, andere Terrorgruppen hatten sich rechtzeitig von den Plänen zurückgezogen. Der Führer von Irgun war niemand anderer als der spätere israelische Ministerpräsident Menachem Begin, ein polnischer Holocaustüberlebender. Er hatte gemeinsam beim Treffen mit Anwar as-Sadat in Camp David, dem Feriensitz von Jimmy Carter, den Frieden mit Ägypten ausgehandelt, der immerhin bis heute hält.

Leah hat sehr schwarze Haare, die gewellt auf ihren Schultern liegen, die vollen Lippen sind dunkel geschminkt, die Zehennägel rot lackiert. Sie trifft verspätet ein, weil sich der Arabischkurs in die Länge zog.

„Pardon", sagt sie und lässt ihre Augen funkeln.

Sie hat Englisch und auch etwas Deutsch in der Schule gelernt. Wenn Sie Deutsch spricht, klingt es ein wenig wie Französisch: Isch wohne in Jerusalem. Arabisch, bis vor kurzem zweite Amtssprache, wird dagegen kaum angeboten, es lernen mehr Araber Hebräisch als umgekehrt. Natürlich hat es mit der sprachlichen Anpassung an die Bevölkerungsmehrheit zu tun, doch Arabisch wird nicht gefördert. Man orientiert sich eben lieber in Richtung Westeuropa und Amerika als zum unmittelbaren Nachbarn im eigenen Land, mit dem man zusammenzuleben hat. Leah sagt: „Man liebt sich nicht unbedingt, man respektiert sich immerhin – manche Ehepaare mögen so miteinander auskommen." Die gleiche Formulierung wie neulich von Uri Jeremias, dem Fischkoch in Akko, die ich noch oft in Israel hören werde.

Leah arbeitet in einem Reisebüro und wohnt allein mit ihrer Tochter, die im Teenageralter ist. Die jüdischen Familien leben oft nach westlichen Vorbildern, die arabischen Familien indessen weiterhin traditionell zu mehreren Generationen miteinander, so dass die Großeltern, von denen stets jemand zu Hause sein kann, die Kinder betreuen. Doch Araberfrauen schauen neidvoll auf die israelischen Verhältnisse. Leah sagt, sie höre oft von arabischen Männern: Ihr habt unsere Frauen verdorben. Sie wollen nicht mehr für uns kochen.

Yakobs Freundin gehört zu einer liberalen jüdischen Gemeinde; die erste dieser Art in Israel wurde von Werner M. Loval gegründet. „Du solltest ihn kennenlernen. Er ist einer der letzten Überlebenden der Kindertransporte", sagt sie. „Bald kann man niemanden mehr befragen, der diese Zeit erfahren hat."

13.
DIE LIBERALE JÜDISCHE GEMEINDE
Mit Leah in der Jerusalemer Synagoge

Die Synagoge befindet sich in einem Viertel mit einzeln stehenden Mehrfamilienhäusern, umgeben von verwilderten Gärten. Vor dem Gebäude bilden Kinderwagen eine bunte Reihe. Es herrscht Aufbruchsstimmung, ein Schwung von Müttern kommt durch die Tür, ihre Sprösslinge an der Hand. Leah hat ihre Tochter früher hier untergebracht, wo ein Platz entschieden preiswerter als ein staatlicher ist, der umgerechnet fünfhundert Euro kostet, nicht nur für Israel extrem teuer.

Meine Begleiterin rückt entschlossen ihre Tasche auf der Schulter zurecht und gibt mir ein Zeichen, ihr in den Nebentrakt zu folgen, wo das Büro untergebracht ist: ein kleines Zimmer, vollgepackt mit Büchern, Manuskripten, Bildern an den Wänden. Vor den Fenstern sind die Jalousien wegen der starken Sonneneinstrahlung heruntergelassen. Werner M. Loval hat graues schütteres Haar, er trägt eine randlose Brille und sitzt im hellen Anzug neben dem Schreibtisch, an dem bereits die Rabbinerin Ada Zavidov Platz genommen hat. Sie reicht mir eine auf die Serviette gelegte Scheibe Mandelbrot und gießt Wasser in Plastikbecher. Loval schlägt vor, dass er Deutsch spricht. Die Stimme des über Neunzigjährigen ist verhalten, aber fest, als er erzählt, dass er in Bamberg in einer gutsituierten jüdischen Familie von Händlern und Fabrikanten aufgewachsen sei. Spätestens nach der Reichspogromnacht am 9. November 1938 begreift die Familie die Zeichen der Zeit, sie sieht für sich keine Zukunft mehr in Deutschland. Ein Jahr später werden Werner und seine Schwester Erika nach England geschickt. Etwa zehntausend jüdische Kinder finden auf den Britischen Inseln Schutz vor den Nationalsozialisten. Die meisten Kinder sehen ihre Verwandten nie wieder. Während Werner und Erika in einer jüdisch-deutschen Schule unterkommen, betreiben die Eltern die Ausreise. 1942 erhalten sie tatsächlich noch ein Visum, allerdings für Ecuador. Da hat die Wannseekonferenz gerade stattgefunden, die die Ermordung der europäischen Juden plant. Weil es kein Schiff mehr für die Eltern gibt, reisen sie mit der Transsibirischen Eisenbahn nach Wladiwostok: mitten im Krieg, die deutsche Wehrmacht steht tief in der Sowjetunion, die Wende in der Schlacht von Stalingrad ist nicht in Sicht. Nach der abenteuerlichen Fahrt im Fernen Osten angelangt, geht es weiter ins sichere Ecuador. Die Kinder dagegen müssen auf der langen Schiffsreise ständig in Angst leben, von deutschen U-Booten angegriffen zu werden. In Südamerika ist die Familie schließlich glücklich vereint.

Lange nach Kriegsende, erst 1954 entschließt sich Loval, zurück nach Bamberg zu fahren, fünfzehn Jahre nach seiner lebensrettenden Abreise. Wie ist es, nach Krieg und Holocaust wieder in der Stadt der Kindheit zu sein, wie sieht man auf diejenigen, zu denen man plötzlich nicht mehr gehörte? Menschen, mit denen man jahrelang zusammenlebte, die sich plötzlich, von einem Tag zum anderen, fremdstellten und es hinnahmen, dass ihre Nachbarn abgeholt wurden und nie wiederkehrten, was Heinrich Böll Verlust an Nachbarschaft nannte.

Es hält Loval dort nichts mehr, er macht sich auf den Weg ins Heilige Land, wo er als Geschäftsmann zu arbeiten beginnt und 1958 die erste liberale Gemeinde Israels gründet. Die Ursprünge des liberalen Judentums liegen freilich im 18. und 19. Jahrhundert, und zwar in Deutschland. Dabei wird die Offenbarung nicht als ein einmaliger Akt verstanden, sondern als dynamischer von Gott ausgehender und vom Menschen vermittelnder Prozess betrachtet.

In der Thora stehen diese Morgenlobsprüche:
„Gepriesen sei Gott, dass er mich nicht als Heiden geschaffen hat!
... dass er mich als Israel geschaffen hat!
Gepriesen, dass er mich nicht als Knecht/Amme geschaffen hat!
... dass er mich als freier Mensch geschaffen hat!
Gepriesen, dass er mich nicht als Frau geschaffen hat!
... dass er mich als sein Abbild geschaffen hat!"
„Das gehört reformiert", meint Werner M. Loval und lächelt bescheiden. Ada Zavidov, die in Israel geborene Rabbinerin, nickt und sagt mit akzentuierter Stimme auf Englisch: „Wir sind für die Gleichberechtigung von Frauen und Männern auf allen Gebieten, in der Synagoge und außerhalb, einschließlich der Ordination von Frauen zu Rabbinern." Sie ist dunkel gekleidet, was der Würde ihres Amtes entspricht, aber trotzdem modisch wie die meisten Frauen Israels, mit dunkel lackierten Fingernägeln, geschminkten Lippen und Halskette. Es geht zudem um die Gleichheit an der Klagemauer, wo den Frauen nur ein sehr kleiner Teil zugestanden wird, der vom Männerbereich mit einer schlichten Holzwand abgetrennt ist. Die Männer sollen nicht abgelenkt werden, so die Begründung. Bei einer Bar

Mitzwa, der Aufnahme eines Jungen in den Kreis der Gemeinde, vergleichbar der protestantischen Konfirmation, stehen die Frauen auf eigens dafür vorgesehenen Fußbänken, um über die Wand sehen zu können, wenn ihr Sohn zum ersten Mal aus der Thora liest. Das liberale Judentum bekennt sich zur Demokratie und zur Gleichwertigkeit aller Menschen unabhängig von ihrem Familienstand oder ihrer sexuellen Orientierung. In jedem Jahr entstehen neue liberale Gemeinden, in Europa und in Israel. Jerusalem ist das Zentrum dieser Bewegung. Aber es ist schwer, sich gegen die Orthodoxen durchzusetzen, die Synagogen der Liberalen übernehmen. Außerdem haben die Orthodoxen eigene politische Parteien; sie stellen oftmals das Zünglein an der Waage, wenn es um Mehrheiten in der Knesset geht, und haben dadurch beträchtlichen Einfluss. Jahr um Jahr werden ihre Parteien stärker. Der Kampf zwischen den Orthodoxen hier und dem liberalen, offenen Judentum, der jüdischen Gesellschaft per se dort gehört zu den großen Konflikten Israels.

Die Synagoge selbst ist ein unspektakulärer Bau, den Ada Zavidov eigens für uns aufschließt. Endlich sehe ich eine Synagoge von innen – und bin ernüchtert. Der Raum für den Gottesdienst ist mit Utensilien angefüllt, die man braucht, um eine Kita zu betreiben: kleine Tische, Stühle, eine Kiste mit Spielzeug. Fast jeder Raum kann als Synagoge dienen, erfahre ich, die hebräisch auch als Bet Knesset bezeichnet werden könne oder jiddisch als Schul. Im Gegensatz zu einer Kirche ist eine Synagoge kein geweihter Raum. An der Stirnseite wird man dann doch an einen sakralen Ort erinnert, auf einem erhöhten Platz sind mit Tüchern abgedeckte Tische zusammengeschoben. Die mit einem Vorhang verkleidete Wand nimmt einen

Schrank auf, den beleuchteten Thoraschrein. Ada Zavidov öffnet die Tür und zeigt auf Kerzenständer und Thorarolle.

„Wie ist das für Ihre orthodoxen Gesprächspartner, wenn sie es mit einer Rabbinerin zu tun bekommen?", frage ich.

„Sie müssen sich daran gewöhnen", antwortet sie lakonisch und zuckt mit den Schultern, als gäbe es nichts Selbstverständlicheres. Noch befindet sich das liberale Judentum in der Minderheit, es wird sich jedoch durchsetzen. Werner M. Loval ist fest davon überzeugt.

Leah muss nach Hause, bei ihrer Tochter nach dem Rechten sehen. Ich begleite sie ein Stück durch den heißen Spätnachmittag auf der stark frequentierten Straße, deren staubige Bäume Schatten spenden.

„Morgen fährst du mit Yakob zu Jihad Kabalan, dem Drusen", sagt sie.

Wir umarmen uns zum Abschied, bleiben beide etwas länger als nötig dicht beieinander. Ihr Körper verströmt den schweren Duft orientalischen Parfüms, den ich erst jetzt wahrnehme.

Nach einigem Zögern gehen wir, jeder in seine Richtung.

Gleich danach besinne ich mich und mache kehrt, rufe: „Und was machst du, sehen wir uns nicht wieder?"

„Dazu müsstest du nach Jerusalem zurückkommen."

Ich muss in ein paar Tagen nach Hause, nach Deutschland, meine freien Tage sind abgelaufen, und ich weiß noch nicht, wann ich wieder herkommen kann und ob ich überhaupt komme, und ich traue mich nicht, es ihr zu sagen.

14.

IM DRUSENDORF ISFIYA
Zu Gast bei Jihad Kabalan

Heute ist Sabbat. Am Straßenrand begleiten uns Palmen und blühender Oleander, riesige Reklamewände, die für die Kaffeemaschine *Nespresso* und den Landrover *Discovery Sport* werben. Unser Wagen schraubt sich ins Karmelgebirge hoch, das bis zu fünfhundert Metern über dem Meeresspiegel liegt. Die Erde ist steinig und rot, die Vegetation üppig wegen der reichlichen Niederschläge, es wachsen vor allem Ölbäume und Weinstöcke. Karmel heißt übersetzt *Weingarten Gottes*, und in der Tat wird hier viel Wein angebaut. Der Rotwein aus dem Karmelgebirge gehört zu den besten des Landes. Am Straßenrand ragen Häuser im Rohbau auf, am unfertigen Dach flattert die israelische Fahne. Auf Plätzen oder an Straßenkreuzungen weht neben dem Davidstern auch die Drusenfahne: Rot, Gelb, Blau, Weiß, ein grünes Dreieck ragt in die vier Farben hinein. Die Märkte sind brechend voll. Yakob berichtet, dass Juden am Sabbat gern hierher einkaufen fahren würden; in jüdischen Gebieten dagegen blieben alle Geschäfte geschlossen.

Jihad Kabalan ist die Freude über den Besuch anzusehen, dennoch bleibt er auf eine würdige Art gelassen, als er uns Platz in seinem riesigen Wohnzimmer anbietet: Vorn geht der Blick auf die Straße, hinten auf den Hof. „Selbst gebaut", bestätigt er meine Vermutung. Das Zimmer ist mit Sesseln und einer

Couch eingerichtet, Anrichten mit Häkeldeckchen, Blumenvasen, gerahmten Fotografien. Der Gastgeber sitzt sehr aufrecht auf einem kunstvoll geschnitzten Stuhl, der alle anderen Sitzgelegenheiten überragt. Er erzählt, dass es außer in Israel im Libanon und in Syrien Drusen gäbe. In Israel gehören nur knapp zwei Prozent der Bevölkerung dazu.

Das Drusentum heißt offiziell *Lehrrichtung der göttlichen Einheit*. Die Religionsgemeinschaft spaltete sich im 11. Jahrhundert in Ägypten vom Islam ab, vor allem deshalb, weil die Drusen niemanden in ihre Religion pressen wollten. Der Begründer der drusischen Lehre war der persische Missionar Hamza ibn Ali ibn Ahmad. Die Drusen wurden als Ketzer verfolgt und zogen sich vor den Angriffen in die Berge zurück, am liebsten auf die Gipfel, wo sie bis heute leben. Die Religion konnte nur durch Verstecken und Anpassung überstehen. So sind die Gebetshäuser von außen nicht als solche zu erkennen, in denen auch ihre Heilige Schrift aufbewahrt wird, die Sammlung der *Sendschreiben der Vollkommenheit*. Die Drusen glauben an das Prinzip der Seelenwanderung: Nach dem Tod eines Menschen geht seine Seele sofort in einen neugeborenen Menschen. Auf dem Weg von Mensch zu Mensch strebt die Seele nach Perfektion. Am Ende jedoch steht jeder vor Gott. Niemand kann zum Drusentum übertreten, Druse ist nur, wer Kind drusischer Eltern ist.

„Ihre Kinder", frage ich und deute auf die Fotos an der Wand, „sind sie ihrer Religion treu geblieben?"

Ohne einen Moment der Verlegenheit antwortet er, dass sie sich abgewandt, aber jederzeit die Gelegenheit hätten, zurückzukehren. Man könne die Kinder zu nichts zwingen, die Zeiten hätten sich verändert, sie wären säkularer geworden. Man könne das bedauern oder nicht, sie seien nun mal so.

Während des Gesprächs serviert seine Frau Raja Gebäck und süße Limonade mit Erdbeergeschmack, danach starken Kaffee in kleinen Tassen, dessen Geruch den Raum erfüllt. Raja trägt wie alle Drusenfrauen eine weiße Haube. Wäre sie streng gläubig, verhüllte sie das Gesicht bis auf einen kleinen Spalt für die Augen.

Bei den Drusen sind Mann und Frau gleichberechtigt, die Frauen können sich im Gegensatz zu den Muslimen scheiden lassen. Die Drusen sehen sich in Israel als Araber, indes nicht als Muslime. Zwanzig Prozent aller Drusen sind bei der Armee. Kabalan selbst war dreißig Jahre lang dabei, am Schluss Brigadegeneral der Grenztruppen, und er ist stolz darauf, dass sein Sohn der erste drusische Militärpilot Israels ist. Drusen sind loyal ihrem jeweiligen Land gegenüber und haben sich dadurch viel Achtung erworben.

Mir fällt ein, dass bei Terroranschlägen immer wieder Drusen ihr Leben ließen, weil sie sich als Sicherheitsleute zuerst den Angreifern entgegenstellten. Leider haben sich nun die Pläne der Regierung, Israel als jüdischen Nationalstaat zu definieren, durchgesetzt. Israel wird zur *nationalen Heimstätte des jüdischen Volkes* und Hebräisch zur alleinigen Nationalsprache, während Arabisch, das in Israel bisher ebenfalls offizielle Sprache war, nur einen nicht näher definierten Sonderstatus erhielt. Durch das Gesetz wurden alle Minderheiten zu Bevölkerungsgruppen zweiter Klasse, auch die Drusen.

Man gibt ihnen dadurch zu verstehen: Ihr könnt unser Leben retten, seid aber keine gleichberechtigten Staatsbürger. Oder gar, man bringt sie dazu, das Land zu verlassen, ginge es nach dem für seine radikalen Positionen bekannten ehemaligen Verteidigungsminister Avigdor Lieberman, der in der Sowjetunion, im heutigen Moldawien, geboren wurde und mit zwanzig Jahren einwanderte. Er gründete die Partei Jisra'el Beitenu (Israel, unser Zuhause), die vor allem von den russischstämmigen und osteuropäischen Einwanderern gewählt wird und bei der letzten Wahl 2020 etwa sechs Prozent erreichte, aus der weder Benny Gantz noch Benjamin Netanjahu als Sieger hervorgingen. Allerdings wurde letztlich nur eine Light-Version des Nationalitätengesetzes umgesetzt: In Gegenden mit mehrheitlich arabischer Bevölkerung bleibt Arabisch Amtssprache und umgekehrt.

„Kann es nicht passieren, dass Drusen aus Israel gegen Drusen, sagen wir, im Libanon kämpfen? Auch dort sind sie zahlreich im Militär vertreten." Schließlich gab es bis jetzt zwei Libanonkriege, und ein Frieden ist nicht in Sicht.

Jihad Kabalan überlegt auch hier keinen Augenblick, als hätte er die Frage erwartet. Er schaut mir fest in die Augen und sagt: „Ja, das kann passieren." Weiter kommt kein Wort. Er ist Militär, wahrscheinlich bleibt man das sein Leben lang: wortkarg und entschlossen, ohne Emotion. Seine Frau bietet Gebäck an.

Ich schaue mich um. Ist das ein traditioneller Raum der Drusen? Kabalan winkt mir zu, ihm zu folgen. In den hinteren Bereichen öffnet er eine Tür und verschwindet darin. Ich bin erstaunt, wie vielen Gemächern das Haus Platz bietet. Ein mit Teppichen ausgelegter, von den Osmanen inspirierter Raum tut sich vor mir auf, sehr flache, verzierte Bänke an den Wänden, sonst nichts. Die Lampen verbreiten ein schummriges Licht.

„Wir sitzen hier nicht mehr, das ist zu unbequem. Heute spielen die Enkelkinder in dem Zimmer", sagt er.

Auf dem Bürgersteig herrscht am zeitigen Nachmittag Gedränge wie in einer größeren Stadt, Cafés, Gaststätten und Supermärkte wechseln einander ab. Viele Frauen tragen weiße Häubchen, keine ist verschleiert, die meisten sind nach westlichen Vorstellungen gekleidet, wenn auch schlicht, Minirock und High Heels scheinen sich von selbst zu verbieten. Man kommt wegen des dichten Verkehrs kaum auf die andere Seite der Durchgangsstraße. Die Gebäude sind massiv gebaut, das erste Stockwerk ist offen und wirkt wie eine überdachte Terrasse, die im Sommer eine angenehme Atmosphäre schafft.

Im Auto schiebt mir Yakob grinsend eine Flasche Bier zu. Woher er es hat, bleibt mir ein Rätsel. TAYBEH BEER, buchstabiere ich, *the finest in the Middle East. Golden 5% Ale.* Es ist das mittlerweile legendäre Bier aus der Westbank, von Palästinensern gebraut. Die Brauerei wurde von Deutschen errichtet in dem gleichnamigen Ort, der in einer christlichen Enklave nördlich von Ramallah liegt. Der Hopfen kommt aus Bayern, das Malz aus Belgien, die Hefe aus England. Die Hälfte der Produktion wird im Westjordanland verkauft, etwas weniger in Israel, der Rest exportiert.

„Für später", raunt mir Yakob zu. „Erst einmal fahren wir an den See Genezareth."

15.

ALS MÄRTYRER WERDE ICH HIER NICHT STERBEN

Pater Matthias in der Brotvermehrungskirche

Galiläa heißt übersetzt in etwa *runde Hügel*, und tatsächlich zeigt sich die Landschaft sanft buckelig geformt. Neben uns blinkt ein See auf: das Trinkwasserreservoir Israels, dem ständig Wasser aus dem See Genezareth zufließt, erfahre ich von Yakob. Dieses Reservoir wurde möglichst weit von der libanesischen Grenze entfernt angelegt, um für Raketen nicht erreichbar zu sein. Ich bin erstaunt, dass der Zufluss aus halbrunden Betonteilen besteht und somit das Wasser verdunsten kann. Es wird aufbereitet in die Leitungen des Landes eingespeist. Dreißig Prozent des gesamten Trinkwassers Israels kommen aus dem See Genezareth. Die Landstraße durchbricht helles, an den Rändern bräunliches Gestein, das an den Seiten meterhoch und schrundig aufragt, mitunter brockenweise auf die Straße stürzt. Plötzlich weitet sich der Blick, erhaben liegt der riesige See hinter Gestrüpp in der Tiefe unter uns. Weiter vorn leuchtet das vergoldete Kreuz der russisch-orthodoxen Kirche von Kapernaum auf, rechter Hand erstreckt sich Tiberias, die von Herodes Antipas ab 17 nach Christus erbaute und nach dem römischen Kaiser Tiberius benannte Stadt.

Pater Matthias empfängt uns mit entgegengestreckter Hand. Der hochaufgeschossene, schlanke Benediktinermönch und Pilgerseelsorger trägt eine schwarze Soutane und Sandaletten von gleicher Farbe, lächelt verbindlich und dennoch verhalten. Er wirkt ebenso weltlich wie geistlich. „Willkommen in Heptapegon", sagt er. Die leichte Dialektfärbung verrät den Bayern, 2008 hat Pater Matthias Regensburg verlassen, um hier zu leben. Er erklärt, dass aus dem Ortsnamen, der *sieben Quellen* bedeutete, im Laufe der Jahrhunderte aus sprachlicher Bequemlichkeit Tabgha geworden sei. Nach dem Matthäusevangelium fand genau an dieser Stelle die wundersame Brotvermehrung statt, die Speisung der Fünftausend mit zwei Fischen und fünf Laiben Brot.

„Warum gerade hier?", frage ich. „Und überhaupt, fünftausend. Gab es in dieser Gegend so viele Menschen?"

Pater Matthias lächelt wieder, als er erklärt, dass es sich wie immer in der Bibel um einen symbolischen Zahlenwert handelte. Es waren jedoch viele Menschen hier, die Jesus hören wollten und abends hungrig waren. So wollte er sie nicht nach Hause schicken. Am Ufer des Sees entlang verlief tatsächlich die Haupthandelsroute der Antike, die Via Maris. Sie führte von Mesopotamien über Damaskus bis nach Ägypten.

Die jetzige römisch-katholische Kirche im byzantinischen Stil ist neu, sie wurde erst 1982 errichtet über den beeindruckenden Mosaiken des Fußbodens aus dem 4. Jahrhundert. Die dazugehörige Kirche zerstörten die Perser, die 614 nach Christus in das Land einfielen. Die Steine verschwanden, der Ort geriet in Vergessenheit und wucherte zu, lediglich Beduinen schlugen Zelte auf und ließen ihre Herden auf den Wiesen am Seeufer grasen, bis im 19. Jahrhundert die Europäer das Heilige

Land für sich wiederentdeckten. 1888 erwarb die Deutsche Katholische Palästinamission das Gelände. Die letzten Teile des Fußbodens legten Archäologen 1936 frei. Heute ist Tabgha einer der vielen Wallfahrtsorte in Israel, der allerdings auch soziale Aufgaben übernimmt. So werden Jugendliche betreut, Gruppen aus der Westbank ebenso wie aus Israel.

Pater Matthias strahlt, als er von den Mosaiken spricht, die Farben hätten in den vergangenen eineinhalbtausend Jahren nichts von ihrer Brillanz eingebüßt. Sie zeigen in den Seitenschiffen Sumpfpflanzen und Wasservögel. Der Altar ist ein schlichter steinerner Tisch, darunter der Fels, auf dem Jesus die Fische und Brote abgelegt haben soll. Auf den Mosaiken davor sind denn auch ein Korb mit Laiben und je ein stilisierter Fisch links und rechts davon zu sehen.

„Man muss aufpassen, dass die Besucher nicht mit Taschenmessern den Fels abtragen. Der Stein soll gegen alles gut sein, hab ich mir sagen lassen." Der Pater schmunzelt, um darauf sehr ernst zu werden. „Das ist nicht unser Hauptproblem", sagt er. „Vor einigen Jahren, am 17. Juni 2015, gab es einen Brandanschlag, bei dem zwei Personen Verletzungen erlitten. Außerdem wurde das Atrium vollständig zerstört, der Säulengang stark beschädigt. Der Kirche ist Gott sei Dank nichts passiert. Unseren Tod haben sie billigend in Kauf genommen."

Er unterbricht sanft meine Frage nach den Tätern. Der Spruch an der Wand hat sie verraten. In biblischem Hebräisch stand dort *Götzen werden ausgemerzt werden*. „Sie sind gefasst worden und werden vor Gericht gestellt: jüdische Fanatiker, extremistische Siedler."

Es gab eine beachtliche Welle der Solidarität. Der Anschlag wurde von Politikern weltweit verurteilt. Auf Initiative des

Knesset-Vorsitzenden Juli Edelstein haben sich israelische Rabbiner zusammengetan, um Spenden für den Wiederaufbau zu sammeln. Selbst Premierminister Benjamin Netanjahu schaltete sich ein und beauftragte den Inlandsgeheimdienst Schabak mit Ermittlungen. Pater Matthias beklagt dennoch, dass in den vergangenen drei Jahren mindestens fünfzig Übergriffe auf Christen und christliche Einrichtungen verzeichnet werden mussten. „Das Klima wird schwieriger in Israel. Als Märtyrer werde ich hier nicht sterben." Seine Heimat ist in Israel, in Tabgha. Er bekommt drei Wochen Urlaub, in denen er nach Regensburg fahren kann oder irgendwohin zum Skilaufen, was durchaus auch der Berg Hermon auf den Golanhöhen bietet. Hier oder in Jerusalem möchte er begraben werden.

Um 18 Uhr beginnt seine Abendandacht. Er bittet Pater Franz, die Glocke zu läuten, und eilt, Yakob und mich im Schlepptau, durch den lang dahingestreckten Garten in Richtung des Sees. Neben uns läuft munter plätschernd ein Bach aus einer der sieben Quellen, verschwindet unter einem Weg, taucht wieder auf, um zu einem winzigen Teich gestaut zu werden. Ich halte die Hand hinein, das Wasser ist überraschend warm. Uns umgibt in dieser kargen Landschaft üppige Vegetation: Olivenbäume, Gemüse, Wein, mannshoher Oleander, Jasmin – ein kaum jemals so intensiv erlebter Blütenduft.

Der Mönch erreicht außer Atem den überdachten Altar unmittelbar am See Genezareth, der in der Abendsonne ruht. Pater Matthias breitet die Arme aus, als schlösse er mit dieser Geste nicht nur uns ein, sondern die ganze Welt. Galiläa ist immerhin eines ihrer christlichen Zentren neben Jerusalem, Rom, Konstantinopel, dem heutigen Istanbul, und, sagen wir, Wittenberg.

Meinen Gedanken unterbricht Pater Matthias: „Schauen Sie am Sonntag in einer Woche den Bayrischen Rundfunk, um 10 Uhr wird von hier der Gottesdienst übertragen." Er begleitet uns noch bis zum Wagen, gibt uns geduldig die Hand, doch dann muss er wirklich zur Andacht.

Yakob schweigt, während wir weiterfahren, wohin? Erst einmal in den Kibbuz Nof Ginosar, der ein Hotel betreibt, wo wir übernachten. „Und morgen lernst du Wilfried Schroth kennen", sagt Yakob.

„Wer ist Wilfried Schroth?"

„Mach dich auf eine Überraschung gefasst."

16.

TILAPIA GALILEA – DER PETRUSFISCH

Samstagabend am See Genezareth

Über dem Areal des Kibbuz liegt an dem Samstagabend eine feiertägliche Stille, über den mehrstöckigen und dennoch flachen Gebäuden im Bungalowstil, den ausgedehnten, gepflegten Rasenflächen, begrenzt im Hintergrund durch Buschwerk. Wenn Frieden ein Gesicht hat, dann sieht es so aus. Auf der einen Seite steigt hinter dem See in der Ferne im Sonnenglast der Golan an, auf der anderen erhebt sich sanft sein kleiner Bruder, der Berg Arbel. Die Menschen sind festlich gekleidet, die Frauen in weißen, längeren und hochgeschlossenen Kleidern, die Männer in schwarzen Anzügen mit weißen Hemden, Schläfenlocken und Kippa oder schwarzen Hüten. Sie, die mit sich selbst und ihren Kindern beschäftigt sind, haben keinen Blick zur Seite übrig, sie wandeln über die Wege und kennen schließlich doch ein Ziel: das Hauptgebäude, in dem neben der Hotelrezeption die Gaststätte, Bars und kleine, freilich heute geschlossene, Boutiquen untergebracht sind, in denen man Schmuck, Souvenirs und Reiseführer kaufen kann.

Ich entscheide mich für den Petrusfisch. Natürlich, wenn man am See Genezareth essen möchte, hat man im Grunde keine Wahl. Jesus befahl Petrus, im See seine Angel auszuwerfen, so im Evangelium nach Matthäus, er werde im Fischmaul ein silbernes Geldstück finden, mit dem er für sie beide die Tempelsteuer entrichten soll. Petrus tat, wie ihm geheißen, fingerte eine griechische Vierdrachmenmünze heraus, was genau dem geforderten Betrag entsprach. Der weiße Kammfisch Tilapia galilea hatte nun seinen Namen, die zweitausendjährige Geschichte sitzt mit am Tisch.

Der gegrillte Petrusfisch wird im Ganzen serviert, meist mit Pommes frites sowie Blattsalat. Der Gast widmet sich dem festen, weißen Fleisch in der selbstverständlichen Überzeugung, mit ihm den Geschmack des *heiligen Sees* zu bekommen. Aber wie viel Fisch gibt dieser See überhaupt her? Er war zu Zeiten Jesu enorm fischreich und soll es heute noch sein. Man fängt vor allem die Süßwassersardine, die langköpfige Barbe und eben den Petrusfisch, den die Araber Muscht nennen. Doch der Gast wird bitter enttäuscht, durch den verstärkten Tourismus und Pilger übersteigt die Nachfrage den Ertrag in den Netzen, so dass man den gewaltigen Bedarf durch Teichwirtschaft decken muss. Ach, hätte der Gast sich nur nicht erkundigt! Aber sind wir nicht gewohnt, uns täuschen zu lassen, wollen es gar nicht genau wissen, ja nehmen das Surrogat tapfer für das Original, weil uns die ernüchternde Erkenntnis täglich auf die Bretter des Profanen niederwerfen würde.

Am nächsten Morgen, noch vor Sonnenaufgang, eile ich im Bademantel auf dem schmalen, unbeleuchteten Sandweg, der einem Graben folgt, an raschelndem Schilf und Eukalyptusbäumen vorbei. Wechselt nicht ein Tier gewandt die Seiten, ein Reptil, ein Nager? Plötzlich liegt eine grauschwarze Weite vor mir, die mich mit einem frischen Lufthauch und den Geräuschen von Wasservögeln empfängt. Das Ufer indes ist längst nicht erreicht, der See hat sich um Dutzende Meter auf sich selbst zurückgezogen. Die Steine werden plötzlich scharfkantig, das Laufen ist beschwerlich, ohne Schuhe kaum zu bewältigen. Als ich ins Wasser gehe, kurz der Gedanke, ob es meine Füße trägt, dann schnell verworfen als vermessene, im Grunde abgedroschene Schnurre. Aber tröstlich, es hält mich ja als Schwimmer, und nun geschieht doch etwas, was mich wie ein Zeichen trifft, eine handfeste Berührung: Die Sonne schwingt sich ohne nennenswerte Ankündigung rechter Hand über die Höhenzüge des Golan, schnell leuchtet das volle Rund auf, scheint auf den einzigen Schwimmer, der im Wasser verharrt und den Kopf in den Nacken wirft, die Augen weit aufgerissen.

17.

DIE STADT MARIA MAGDALENAS
Wilfried Schroths große Aufgabe

„Als die Legionäre Christi hier am See Genezareth einige Grundstücke erwarben und ein mexikanischer Investor ein Hotel bauen wollte, beteten sie zu Gott: Bitte lass uns nichts finden, aber wenn schon, dann etwas sehr Großes. Ihr Gebet wurde erhört. Was sie fanden, war ein Geschenk Gottes", erzählt Wilfried Schroth. Er stammt aus dem Bodenseegebiet, ist Bäckermeister gewesen; nun im Rentenalter lebt er sechs Monate im Jahr, Herbst und Winter, mit seiner Frau im Heiligen Land. Seit 2000 ist er in Israel, zehn Jahre später zog er nach Migdal und beteiligt sich an den Ausgrabungen, ohne Bezahlung, versteht sich. Bald wird er für immer hier wohnen. Er trägt ein tiefblaues T-Shirt, das über seinem Bauch spannt, mit der Aufschrift *DUC IN ALTUM*, was so viel wie *Fahr hinaus ins Weite* bedeutet.

Warum folgt jemand so einem Plan, er könnte sein Leben in aller Ruhe in seinem Haus in einem der beschaulichen Teile Deutschlands verbringen und seine Rente genießen.

„Gerade das will ich nicht", stellt er fest und unterstreicht seine Worte mit energischen Handbewegungen. „Ich bin kein Israel-Fan, aber ich trage Israel im Herzen. Dann muss man etwas tun." Er sagt es so selbstverständlich, dass ich gar nicht dazu komme, die Worte pathetisch zu empfinden. Schroth gehört keiner der Volkskirchen an, er ist Christ, jedoch freikirchlich. Migdal sei Hebräisch, erfahre ich, und bedeute übersetzt *Turm*. Auf Aramäisch, der Sprache Jesu, heißt die Stadt Magdala. Die Stadt gab Maria Magdalena den Namen, wahrscheinlich wurde sie sogar hier geboren. Fest steht, dass Jesus sie besucht hat. Sie war nicht nur seine Begleiterin, sondern auch Zeugin seiner Kreuzigung und Auferstehung. Im Philippusevangelium, das 1945 in Ägypten gefunden wurde, heißt es, Jesus liebte sie mehr als alle Jünger und küsste sie oft auf den Mund. Vor einigen Jahren stieß man in der Ruinenstätte Qumran am Toten Meer erneut auf Schriftrollen aus dem antiken Judentum in Tongefäßen; in den fünfziger Jahren hatte man bereits über achthundert entdeckt. Jesus wird nun auf einem Stück Papyrus zitiert, er spricht von Maria Magdalena als seiner Frau, was einer unerhörten Offenbarung gleichkommt. Ohne in Spekulationen à la Dan Brown verfallen zu wollen: Diese Aussage bestätigt nicht nur seit langem gehegte Vermutungen, Jesus erhöht Maria Magdalena und gesteht der Frau an sich eine ganz neue Würde zu.

Schroth erzählt, dass Magdala einer der größten Orte Galiläas gewesen sei, in dem nach dem römisch-jüdischen Geschichtsschreiber Flavius Josephus siebenunddreißigtausend Einwohner lebten. Wie leicht konnten fünftausend von hier in Tabgha gewesen sein, um Jesus zu hören, denke ich, und anschließend von ihm beköstigt zu werden; für die wenigen Kilometer brauchte man zu Fuß nicht mehr als ein paar Stunden. Nazareth dagegen wies in dieser Zeit nicht einmal eintausend Einwohner auf. Die jüdische Rebellion 66 nach Christus läutete das Ende der Stadt ein, zwei Jahre später eroberten römische

Legionäre Magdala, sie griffen von der Seeseite her an, das Wasser soll vom Blut der Opfer rot gefärbt gewesen sein. Die Sieger verkauften dreißigtausend Menschen in die Sklaverei, die Stadt wurde zerstört.

Wilfried Schroth führt mich durch die vom Schutt der fast zweitausend Jahre befreiten Straßenzüge. Es ist, als führte er mich durch seine eigene Stadt. Die Wände der Häuser erheben sich kniehoch. Wir betreten die Synagoge, sie ist die älteste in Galiläa. Anhand der mit vielen Schmuckelementen gestalteten Steine ist zu erkennen, dass die Stadt reich gewesen sein muss. Im Zentrum des Baus erhebt sich das Podest, auch Magdala-Stein genannt, auf dem die Thora zum Gebet abgelegt wurde. Er zeigt auf der Frontseite eine eingravierte Menora, den siebenarmigen Leuchter, der die Tage der Woche symbolisiert. Die Ausgrabung dieses Steins ist nach offiziellen Angaben der aufsehenerregendste archäologische Fund der letzten fünfzig Jahre in Israel. Natürlich sehen wir nur eine Kopie. Wir erreichen die Wohnbereiche der Wohlhabenden, dann die Viertel der ärmeren Bevölkerung mit den kleineren Räumen und schmaleren Wänden, schließlich die Ställe und Fisch verarbeitenden Orte. Magdala bezog ihren Reichtum aus dem See, die hiesigen Fische waren auch in Rom beliebt, entweder mit dem Salz vom Toten Meer eingepökelt oder sogar lebend. Ob sie die weite Strecke tatsächlich überstanden? Wilfried Schroth nickt heftig, Flavius Josephus ist sein Gewährsmann.

Die israelische Denkmalschutzbehörde verbietet, Häuser wieder aufzubauen, etwa um sich ein plastisches Bild von der Stadt machen zu können. Die Behörde kontrolliert regelmäßig, was sich auf dieser Anlage abspielt. Als wir den Marktplatz betreten, haben wir im Gegensatz zu allen anderen Bereichen den originalen Fußboden unter uns, kleinteiliges Pflaster, Mosaiken, alles sorgfältig restauriert. „Hier, ganz sicher über diese Steine ist Jesus gelaufen. Wir wissen nicht, wo Maria Magdalena gewohnt hat. Aber über den Marktplatz ist er auf jeden Fall gegangen." Schroths Stimme bleibt so unprätentiös wie zuvor. Es ist ein kleines, überschaubares Areal, das nur einen Teil des ursprünglichen Platzes repräsentiert, der andere Bereich harrt noch der Ausgrabung.

In den offenen Höhlen des Berges Arbel, der auf der gegenüberliegenden Straßenseite mit seinen Ausläufern beginnt, haben sich Ziegen zurückgezogen, die gelassen auf die Überreste der Stadt, auf den in der Hitze flirrenden See blicken – wie in biblischen Zeiten. In diesen Höhlen suchten Menschen vor Unwetter Schutz, versteckten sich vor Soldaten, dort wurden die Toten bestattet.

Ich erkundige mich nach der jüdischen Umgebung, wie sie auf die Ausgrabungen reagiert, die von Ausländern, von Christen zumal, vorgenommen werden.

„Sie schauen schon etwas verwundert", meint Schroth und zieht mit den Fingern durchs schüttere graue Haar, „es ist ja ihre eigene Geschichte, die sie im Grunde selbst in die Hand nehmen würden. Sie fühlen sich übergangen. Aber wer das Geld hat, hat das Sagen. Das ist schließlich überall so." Dagegen verstehen Juden das Interesse an Jesus nicht unbedingt: Für sie ist er niemand anderer als ein Schreinersohn aus Nazareth. Unmittelbar neben dem antiken Marktplatz erhebt sich eine Kirche mit hohen Räumen, die Wände mit Mosaiken geschmückt. Der neue Sakralbau soll eine Stätte der Ökumene werden. So weist der zentrale Gebetsraum kein Kreuz auf, lediglich ein Mast mit Querbalken in einem Boot bestimmt die Stelle neben dem Altar. Neben Katholiken, Protestanten und Orthodoxen sollen sich hier ebenso Nichtchristen wohlfühlen.

Überallher aus Deutschland kommen engagierte Menschen und wollen mitarbeiten. „Dort drüben, die Häuserzeile haben junge Leute aus Duisburg mitausgegraben. Woher kommen Sie?", fragt Schroth unvermittelt.

Er spricht voller Anerkennung von den Sächsischen Israelfreunden, die vor kurzem hier gewesen seien. Es handelt sich überwiegend um Handwerker, um Maurer, Maler, Fliesenleger und Installateure. Sie opfern ihren Urlaub, bezahlen selbst den Flug, die Unterkunft. Die Sachsen richten Wohnungen vor, reparieren, was instandgesetzt werden muss, und liefern noch das Material dazu, Friseurinnen machen den Frauen die Haare. Sie kümmern sich um die Holocaustüberlebenden, die nun um die neunzig sind. Von den noch zweihunderttausend existiert über ein Drittel unterhalb der Armutsgrenze, und das Leben in Israel ist teuer. Der Verein der Sächsischen Israelfreunde mit Sitz in Rossau wurde 1998 anlässlich des fünfzigjährigen Bestehens des Staates Israel gegründet. Natürlich könnte man auch Geld spenden, aber dann käme das Zwischenmenschliche zu kurz. Sie reden miteinander und hören vor allem zu, sie singen und beten mit den Leuten, die fragen, warum ihnen so viel Gutes angetan wird. Wiedergutmachen lässt sich nicht, was geschehen ist. Aber für die Aussöhnung kann man etwas tun.

„Auf Wiedersehen", sagt Wilfried Schroth, der Mann, der seine Aufgabe gefunden hat, „ich muss dringend weiter."

Yakob und ich schlendern zum Wagen, während wir Mispeln essen, handtellergroße säuerliche Früchte, die teigig schmecken und den Durst löschen. Sie sind nicht gewaschen. Ich reibe sie mit einem Taschentuch ab, obwohl es natürlich nutzlos ist.

„Wie war das palästinensische Bier?", fragt Yakob.

„Sehr malzig. Es erinnert an euren Klassiker, den *Goldstar*. Israelis und Palästinenser haben wohl den gleichen Biergeschmack."

Yakob beißt in eine weitere Mispel. Dann sagt er unerwartet: „Leah hat angerufen und nach dir gefragt." Er lächelt mir unverhohlen zu wie ein Verschwörer, der mehr weiß, als er preisgibt.

„Und", ruft Yakob. „Auf nach Jerusalem!"

Ich erzähle ihm endlich, dass ich dringend nach Deutschland zurückmuss, keine Zeit mehr für Jerusalem bleibt.

„Aber du kommst doch wieder, oder?"

18.

NENN MICH NICHT SUCHOI
Der Schriftsteller Avi Goldberg

Der Mann im Flugzeug neben mir liest in einem Buch, ich habe ihn flüchtig begrüßt, ohne ihn genauer zu beachten, und begonnen, mir Notizen zu machen. Als eine Stewardess bald nach dem Start den Mann ermahnt, die Tasche, die unter seinem Buch liegt, in die Gepäckablage zu tun, erwidert er, es sei ja nur eine kleine Tasche, eine Mappe, eigentlich kaum der Rede wert. „Auch wenn sie noch so klein ist, sie gehört nach oben." Die harte Stimme der schlanken, blonden Frau droht in Gereiztheit umzuschlagen. „Also bitte!", sagt sie und bleibt demonstrativ neben uns stehen. Der Mann zuckt bedauernd mit den Schultern, weil er mich nötigen muss, aufzustehen.

„Sie ist wirklich kleinlich", sagt er leise, „ich habe das noch nie erlebt."

Mein Nachbar ist ein schmaler, drahtiger Mann mit kurzen grauen Haaren, der zu Jeans ein hellbraunes Hemd trägt. Er fliege oft nach Berlin, erzählt er, aber eine solche Stewardess? Der Mann besucht seinen jüngsten Sohn, der an der Humboldt-Universität studiert hat und vor zwei Jahren als Hirnforscher und Geisteswissenschaftler promovierte, seine anderen Kinder sind alle in Israel geblieben. Er verbindet den Besuch mit geschäftlichen Terminen. Avi Goldberg, der in Ramat HaSharon, einer kleinen Stadt in der Nähe von Tel Aviv, lebt, hat Jura studiert und bis zu seinem fünfzigsten Lebensjahr als Anwalt gearbeitet, jetzt ist er als Immobilienmakler tätig. Er schreibt nebenher für Zeitungen und Magazine, aber auch Bücher, genauer Romane. „Leicht zu lesende Bücher", fügt er hinzu und winkt beschwichtigend ab. Ist diese Bemerkung britisches Understatement, das man überall im englischen oder ehemals englischen Sprachraum vorfindet?

„Bücher, die mich unterhalten sollen wie den Leser", fügt er hinzu. Gerade ist sein viertes Buch erschienen, das den Titel trägt *Nenn mich nicht Suchoi*, in dem es vor dem Hintergrund einer militärischen Auseinandersetzung zwischen Israel und Gaza um drei Morde in der Wüstenstadt Mitzpe Ramon geht. Ein pensionierter, aber weiterhin engagierter Anwalt nimmt die Spur auf. Die vielschichtige Handlung ist abenteuerlich und spannend. Zu Hause schlage ich nach: Gleich sein erster Roman *Der Cosima-Orden* war sehr erfolgreich. Die europäische Geschichte wird darin als die Geschichte des Kunstraubs erzählt, welche Rolle Banken und Geheimdienste dabei spielen. In *Strand ohne Meer* zeichnet er ein ebenso authentisches wie humorvolles Bild der Israelis. Die Radiojournalistin und Dichterin Dalia Yairi stellt fest, Avi Goldberg gehöre zu den seltenen Schriftstellern, die jene Geschichten erzählen, die auf Marktplätzen und in Lagern liegengeblieben sind.

„Meine Bücher werden in Zeitungen und im Rundfunk besprochen, aber es sind allesamt keine Bestseller, so dass ich auch kein Schriftsteller bin, den man auf der Straße erkennen würde. Ich gewinne zunehmend Leser auf elektronischen Plattformen, die am PC oder auf Tablets gelesen werden. Auf diese Weise zu veröffentlichen ist preiswerter, als ein Buch zu produzieren."

Israelischen Schriftstellern verdankt er als Autor viel. Der größte der Neuzeit ist für ihn Agnon, Samuel Joseph Agnon, der an Kafka erinnert.

„Er ist auf dem Fünfzigschekelschein", fällt mir wieder ein. Indem Goldberg mir anerkennend zunickt, erwähnt er Joshua Kenaz, der noch in der Mandatszeit in Palästina geboren wurde, ein Romanschriftsteller, der ausschließlich auf Hebräisch schreibt. Natürlich liest Goldberg Amos Oz, den man unbedingt einen Klassiker der zeitgenössischen israelischen Literatur nennen muss. „Aber wie in jeder Literaturlandschaft stehen einige der Besten im Schatten oder sind gar nicht erst übersetzt worden."

Schnell verständigen wir uns auf David Grossmans Buch *Aus der Zeit fallen* als unbedingt lesenswert, ein Klagelied über seinen im Libanonkrieg 2006 gefallenen zwanzigjährigen Sohn Uri, das an den Chor einer griechischen Tragödie erinnert: ruhelose Klage und die Hoffnung auf ein Wiedersehen. Goldberg und ich, wir beide sind Väter, Väter von Söhnen, halten einen Moment inne. Vielleicht auch, um abzulenken, erzählt er unvermittelt weiter, er lese auch häufig Bücher über Geschichte: ein großes Thema für ihn.

Nehmen israelische Schriftsteller deutsche Literatur zur Kenntnis? Goldberg zuckt mit den Schultern. Er kann nur für sich sprechen, ihm sind die Schriftsteller der modernen Klassik geläufig, Thomas Mann, Hesse, Grass, Böll, aber auch Döblin, Fallada und Fontane. Zuletzt hat er Heinrich Heines Reisebilder und Reisebriefe aus Polen gelesen. Deutsche Literatur des 19. und 20. Jahrhunderts liegt ins Hebräische übersetzt vor und ist in gut sortierten Buchhandlungen zu bekommen. Als er

Kind war, gab es viele deutsche Leser, heute trifft man vielleicht noch auf ein oder zwei Läden, die Bücher in deutscher Sprache verkaufen.

Goldberg widmet sich auch gern philosophischen Büchern vor allem deutscher Autoren, leider reicht sein Deutsch nicht aus, um die Bücher im Original zu lesen, was ihn schmerzt. Zum Glück hat er an einem Treffen mit Jürgen Habermas an der Universität Tel Aviv teilgenommen.

Wenn er so oft in Berlin ist, könnte er sich nicht vorstellen, dort zu leben wie zahlreiche andere Israelis?

„Natürlich, das ist der neueste Trend. 1992, als ich das erste Mal dort war, wohnten keine Israelis in Berlin. Es hat sich viel verändert. Die Stadt ist international und vor allem tolerant, was man nicht überall findet. Die jungen Israelis, denen das Leben in Israel zu stressig ist, profitieren von der globalisierten Welt, indem sie in dieser großen Stadt Anonymität finden, sie sind dann jedoch nicht mehr Teil der jüdischen Gesellschaft."

Er selbst könnte an vielen Orten der Welt leben, aber wenn man unbedingt emigrieren will, sollte man besser jung sein, um eine Familie zu gründen und Kinder aufzuziehen, und sich nicht im alten Europa niederlassen, eher in Ländern mit neuerer Geschichte wie USA, Kanada, Australien, dort, wo der Konflikt zwischen Christentum und Judentum keine große Rolle gespielt hat. Israelis haben sich immer als fester Teil anderer Länder gefühlt, traditionell der USA, wo Sprache und gesellschaftliche Strukturen äußerst anpassungsfähig sind. Avi Goldberg studierte für ein Jahr in den USA, lebte in Paris; da er oft Zeit in Berlin verbringt, beginnt er allmählich, den Osten der Stadt kennenzulernen. Der Unterschied zum Westen, auch was die sozialen Verwerfungen in den östlichen Stadtteilen anbelangt, ist offensichtlich, wo man auf der Suche nach der eigenen Identität zu sein scheint und es aufgegeben hat, den Westen lediglich zu kopieren.

Goldberg wurde 1948 in Zypern in einem Internierungslager der britischen Armee für illegale jüdische Einwanderer geboren, die mit dem Schiff aus Europa nach dem Holocaust nach Palästina wollten, was die Briten verhinderten. Erst nach der Unabhängigkeit 1948 durften seine Eltern einreisen, die aus Polen, genauer aus Łódź, stammen. Nach dem Studium diente er in der Armee, nahm am Sechstagekrieg teil. Nichts wäre für ihn selbstverständlicher, als in Israel zu leben.

„Meine Identität ist nicht jüdisch im traditionellen Sinne, sondern israelisch. Doch ich lebe in der jüdischen Kultur, die aus der hebräischen wie aus der östlichen jüdischen Kultur besteht. Allerdings hatte ich nie das Bedürfnis, in das Land meiner Eltern zu fahren, obwohl der Familienzusammenhalt groß und das Leben ohne Familientradition undenkbar ist.

Ich würde mich in Anbetracht der aktuellen israelischen Politik als linksstehend bezeichnen, obwohl ich in ökonomischen Fragen zur Wirtschaftsliberalität neige. Dabei dürfen die Rechte der Arbeiter nicht angetastet werden. Sie merken schon, es ist ein komplexes Thema", sagt er und lächelt kaum merklich.

Wir trinken beide, er Kaffee, ich Tee, den uns dieselbe Stewardess schweigend serviert. Avi Goldberg legt sein Buch endgültig zur Seite – ein Zeichen, dass er sich entschlossen hat, sich mit mir zu unterhalten. Wenn man so weit ist, darf man noch weiter gehen. Ich zögere keinen Augenblick. Beeinträchtigt die schwierige deutsche Geschichte die Beziehung Israels zu Deutschland?

„Man sollte die persönlichen von den politischen Beziehungen trennen", sagt er. Die deutsche Gesellschaft der Bundesrepublik und der Staat nach dem Zweiten Weltkrieg waren durch die Nazizeit bis in die siebziger Jahre hinein belastet, weil ein nicht geringer Teil der Eliten im Amt geblieben war: Beamte, Lehrer, Polizisten, Richter, Anwälte, Ärzte. In Israel gab es noch eine Menge Überlebender, die frische Erinnerungen an ihre Leiden hatten; sie kamen verstört und entwurzelt aus Europa und versuchten, in Israel heimisch zu werden. Diese zwei Welten existierten lange nebeneinanderher. Glücklicherweise waren deutsche Politiker klug und mutig genug, dem Land der Überlebenden zu helfen.

Das Schlagwort der heutigen Politik lautet Normalität, sie ist die Grundlage der Beziehungen zwischen Deutschland und Israel. Die deutsche Politik hat das israelische Volk überzeugt, dass Nationalsozialismus ebenso wie der Holocaust ein historischer Unfall gewesen sind, der sich nicht wiederholt und nicht etwa als ein deutsches Verhaltensmuster zu betrachten ist. Er sagt: „Das ist nach meinem Verständnis die Wahrheit." Goldberg setzt mir gelassen seine Meinung auseinander, unterstreicht hin und wieder mit der Linken seine Worte, während die andere Hand den Kaffeebecher hält.

„Wenn Sie die Geduld haben", sagt er und beginnt zu erzählen. „Ich habe neben Jura und Philosophie auch die jüdische Geschichte in Deutschland, ebenfalls deutsche Geschichte in Europa studiert: Ich kann sagen, dass Judenhass in der deutschen Kultur nie eine große Rolle gespielt hat." Die Juden, prozentual immer eine sehr kleine Gemeinschaft, besaßen bis 1806 keine Bürgerrechte, erst ab 1817 tauchte der Begriff der Judenemanzipation auf. Endlich konnten die jüdischen Gemeinden gedeihen, Berlin und Leipzig wurden die Heimat der neu belebten jüdischen Kultur, der zionistischen Literatur, Heimat der Mathematik, der Philosophie, der jüdischen Intellektuellen. Das jüdische Leben blühte in Deutschland auf wie in keinem anderen Land.

„Der Holocaust nimmt in meinem Leben eine große Rolle ein; er hat mich persönlich getroffen. Ich habe meine ganze Familie väterlicherseits wie von der Seite meiner Mutter verloren, daher habe ich das Gefühl, meiner Wurzeln beraubt zu sein." Goldberg kennt den gegenwärtigen deutschen Antisemitismus nicht aus erster Hand, aber er ist sicher, dass Antisemitismus in Deutschland die Ausnahme darstellt. „Doch wir müssen überall dagegen ankämpfen, Hass ist menschlich und kann niemals überwunden werden, das Böse wird immer Teil der menschlichen Gesellschaft sein. Der Satan wohnt nicht irgendwo draußen, sondern drinnen in uns. Das ist die traurige Realität. Um den Antisemitismus zu bekämpfen, müssen wir die Natur des Menschen verstehen, ihm gegenüber aber keine Toleranz aufbringen. Wo immer es depressive, unzufriedene Bevölkerungsgruppen gibt, findet der Hass Wurzeln, Antisemitismus ist nur ein Zweig des Hasses. Er kann in Idaho und in Dresden ebenso wie in Kairo gedeihen, überall. Er ist keine deutsche Krankheit.

Ich bin Atheist, kann jedoch meine kulturellen Wurzeln nicht ignorieren: Sprache, Familie, Gemeinschaft, Feiertagstradition – alles ist mit der jüdischen Religion verknüpft. Indes nehme ich an keiner religiösen Zeremonie teil, meine Frau und ich, unsere Kinder auch, sie sind so erzogen: Wir respektieren religiöse Menschen aller Glaubensrichtungen."

Die Palästinenser sind für ihn Nachbarn, wie Polen für Deutsche, wie Iren für Engländer. Der Konflikt zwischen Juden und Palästinensern war ein politischer Konflikt um Land, der sich zu einem religiös gefärbten Konflikt zwischen Juden und Muslimen entwickelte. Der Streit wird von ständigen Ängsten voreinander genährt. Für Avi gibt es kein Richtig und kein Falsch, es gibt Interessenskonflikte, die von Politikern genutzt werden, um den Streit immer am Leben zu erhalten. Dabei sollten sie es besser wissen, wenn man an die Konflikte zwischen Tschechen und Sudetendeutschen, an die aus Schlesien ebenso wie aus Ostpreußen vertriebenen Deutschen denkt. Sie wurden integriert, denken nicht an Rückeroberung ihrer Heimat.

„Natürlich ist das Leben durch die Attentate in Israel nicht leicht, niemand steckt die ständige Bedrohung einfach so weg. Der ungelöste Konflikt zwischen Israelis und Palästinensern bleibt ja nicht auf den Nahen Osten beschränkt; er hat sich längst auf Europa ausgeweitet. Denken Sie an das Attentat auf dem Weihnachtsmarkt auf dem Breitscheidplatz. Beim Terror handelt sich um ein weltweites Phänomen, das nichts mit Israel zu tun hat, sondern Resultat einer islamistischen Politik ist, die zu einem Glaubenskrieg führt, vergleichbar vielleicht mit dem Dreißigjährigen Krieg."

Das Flugzeug setzt zum Landeanflug an, bevor wir uns anschnallen, streift er einen dünnen gelben Pullover über.

„Werden Sie abgeholt?", frage ich, „von Ihrem Sohn oder irgendjemand anderem."

„Mein Sohn ist arbeiten, er lebt in Kreuzberg, nicht weit von seinem Arbeitsplatz entfernt. Ich kenne mich aus in Berlin."

Er reicht mir die Hand. „Sie schicken mir Ihr neues Buch, ja? Ich werde mich mit Ihnen über den Roman freuen."

19.

TEL AVIV – DIE BEWEGTE METROPOLE

Leah sagt: Savlanut

Auf dem Flughafen traue ich meinen Augen nicht: Leah hatte ich erst in Jerusalem erwartet, sie steht hinter der Passkontrolle und winkt mir zu, überhaupt nicht zurückhaltend. Ich trete von einem Bein auf das andere, auf die Befragung durch die Beamten wartend, eine in ihrer Intensität stets wechselnde Prozedur, die ich so nur in Israel erlebt habe: Woher, wohin, was ist der Zweck des Aufenthalts?

„*Savlanut*", raunt mir Leah zu, als wir uns begrüßen. Wieder steigt mir der schwere orientalische Geruch ihres Parfüms in die Nase. „Geduld, die musst du erlernen, wenn du in Israel lebst. Wir sind hier in der Levante. Ohne *savlanut* geht gar nichts."

„Aber warum treffe ich dich schon hier?", frage ich.

„*Savlanut*", lautet ihre Antwort. Beim Lachen zeigt sie ihre makellos weißen Zähne.

Leah steuert ihr Auto, das sich seinen Weg durch den dichten Verkehr in Richtung der Metropole bahnt. Wir kommen nur im Schritttempo voran. Die Straßen, von großflächigen Werbeplakaten gesäumt, sind staubig und liegen in brütender Hitze.

Als Leah am brechend vollen Meeresufer ihr Strandkleid abstreift, lässt sie einen knappen Bikini sehen. Sie ignoriert meinen Blick, scheinbar ohne mich zu beachten, geht sie, ach was, schreitet sie auf das Wasser zu. Könnten die Frauen hier nicht wie in Deutschland *oben ohne* baden?

„Es gibt Gepflogenheiten, die man einfach einhalten muss", sagt Leah, ihrer Stimme ist eine leise Empörung über mich anzumerken. „Israel ist ein gerade in sexuellen Dingen sehr freizügiges Land, aber *oben ohne* oder gar Nacktbaden, hier, an diesem Strand – undenkbar!"

Im Wasser höre ich neben mir französische Stimmen, zwei etwa achtzigjährige, tadellos frisierte Frauen unterhalten sich angeregt. Wir kommen miteinander ins Gespräch und erfahren, dass sie ursprünglich aus Paris kämen, nun in Jerusalem lebten und des Badens wegen nach Tel Aviv gekommen seien. Und weshalb sind sie aus Frankreich weggegangen?

„*Pourquoi?*", fragen sie mit freundlicher Verwunderung, als erkundigte ich mich danach, warum sie bei den Temperaturen baden gingen.

Das Leben sei für Juden immer schwieriger, erzählen die beiden, sie litten nicht unter dem katholisch orientierten, traditionellen französischen Antisemitismus, wohl aber unter dem der muslimischen Nachbarn, die in denselben Vororten unmittelbar neben ihnen lebten, von denen sich ein Teil dem extremen Islam zuwandte und Juden ebenso wie Christen hasse. Die massiv antisemitische Stimmung sei so aggressiv, dass ein normales jüdisches Leben kaum mehr stattfinden könne. Die kleinen Mädchen mit ihrem Davidstern an der Halskette würden drangsaliert, die Jungen zusammengeschlagen. Man könne die Kinder nur mit dem Auto von der Schule abholen. Juden verließen in Scharen ihre Heimat, in der sie seit Jahrhunderten sicher gelebt hätten. Ganze Viertel in Herzliya und Netanya füllten sich mit in der letzten Zeit aus Frankreich ausgewanderten Juden.

Kaum auszudenken, wenn die französischen Juden ihrem Land den Rücken kehren. Damit wird eine Kultur bedroht, schleichend und kaum von der deutschen Öffentlichkeit beachtet. Schriftsteller wie Marcel Proust, Elsa Triolet und Tristan Tzara, Michel de Montaigne, der Begründer der Essayistik, haben Frankreich geprägt, ebenso Schauspieler, wenn man an Simone Signoret und Isabelle Huppert denkt, und Filmregisseure wie Claude Lelouche.

„*Et chez vous en Allemagne?*", fragen die Frauen besorgt.

„Bei uns? Wir haben dieses koloniale Erbe zwar nicht, aber die antisemitische Stimmung unter den Muslimen besteht ähnlich wie in Frankreich."

In manchen Bezirken Berlins werden Israel-Fahnen verbrannt, in den Schulen ist das Wort Jude wieder ein Schimpfwort, und der Ruf von Palästinensern: „Hamas, Hamas, Juden ins Gas", hallt manchmal durch Berlins Mitte. Eine *Zeit*-Redakteurin ging mit dem Rabbiner der Jüdischen Gemeinde zu Berlin Jehuda Teichtal, angetan mit seinem Ornat: schwarzer Anzug und Borsalino, über die Sonnenallee, einer Straße in Neukölln, einem Problemviertel. Was sie erlebten, konnte man in der Reportage nachlesen. Die Reaktionen der muslimischen Passanten reichten von hasserfüllten, eisigen Blicken über das Ausspucken im Vorübergehen bis zur körperlichen Attacke. Man kann sich leicht vorstellen, wie dieser Spaziergang nachts ausgehen würde. Josef Schuster, Präsident des Zentralrats der Juden, warnt vor anwachsendem Antisemitismus, neben dem dumpfer nationalistischer Kreise auch dem zuziehender Muslime. In den Gemeinden sei die Debatte längst entfacht, ob Juden auf Dauer sicher in Deutschland leben könnten.

Zu den beiden Französinnen sage ich einschränkend: „Möglicherweise kommt die Radikalisierung weniger von außen als von den Hasspredigern, die bereits in Deutschland wohnen." Die beiden Frauen protestieren sanft: „Die antijüdische Einstellung ist keine Radikalisierung, sondern bei den *musulmans* ständig vorhanden, eine Frage der Erziehung", korrigieren sie mich.

Wollen sie nicht mehr in ihre Heimat zurück, wenigstens irgendwann einmal?, möchte ich wissen. Die Frauen müssen nun doch über den Deutschen lächeln, der nichts verstanden hat. „*Jamais plus*", sagen sie und nicken uns zum Abschied zu, schwimmen im flachen Wasser, obwohl sie stehen könnten, so dass wir nichts außer ihren Köpfen zu sehen bekommen. Wie charmant schamhaft! Erst als sie annehmen, dass wir sie nicht mehr beachten, erheben sie sich.

„Stell dir vor, es gebe Israel nicht, wie es einige unserer Nachbarn wollen", sagt Leah. „Was würde geschehen?"

Wenn es nach ihnen ginge – wieder der Gedanke an Auschwitz, ohne den man schwerlich in Israel auskommt.

Als Militärhubschrauber über uns hinwegstieben, zuckt Leah zusammen. „Gaza ist nicht weit", erklärt sie, „und die Angriffe sind uns immer noch sehr gegenwärtig. Viele Hundert Raketen gingen auf Tel Aviv nieder, von denen glücklicherweise die meisten vom *Iron Dome* abgefangen wurden, was aussah wie ein Feuerwerk zu Silvester, aber gar nicht lustig war."

Das anhaltende Bewusstsein von Terror und Sterben auf der einen und dem Streben nach körperlicher Schönheit auf der anderen Seite schließen in Tel Aviv einander nicht aus. Die von Palmen gesäumte Promenade wird wie kaum ein anderer Ort der Welt, mit Ausnahme vielleicht von Los Angeles, vom Schönheitswahn bestimmt. Schlanke, grazile Frauen laufen im schicken Dress mit Messgeräten am Handgelenk und Oberarm. Ständig werden wir von durchtrainierten Radfahrern in Muskelshirts überholt. Überall stehen Fitnessgeräte, die fleißig mit erbittertem Ernst genutzt werden, hört man das Klick-Klack des Matkot-Spiels, des inoffiziellen Nationalsports, was aussieht wie Beachball und klingt, als trieben Zimmermänner heftig Nägel in Balken. Das Geräusch hallt schon am frühen Morgen über das Areal. Man hat Mühe, einen Weg zwischen den spielenden Paaren am Strand zu finden, immer in Sorge, von dem harten Ball getroffen zu werden. Tel Aviv – eine von Fitness besessene Metropole?

„Ein bisschen schon, aber natürlich nicht die ganze Stadt", sagt Leah und streckt sich. Auch sie wird ihren Körper ohne Training nicht so in Form halten können. Leah lächelt in sich hinein, als hätte sie meinen Gedanken lesen können.

Als die Sonne sich dem Horizont nähert, wird es kühl und der Wind frischt auf, es dauert nicht lange, bis sich Dunkelheit über die Stadt breitet. Wir nehmen die breite Allenby Street, die von der Küste stadteinwärts führt, die King George Street und den Rothschild Boulevard quert. Neben Obdachlosen, die sich in Nischen auf die Nacht vorbereiten, und überquellenden Mülltonnen, deren Unrat über die Fußwege geweht wird, fließt im gleißenden Licht aus den Schaufenstern der nicht nachlassende Verkehr.

Auf einer Auslage lese ich in Leuchtbuchstaben Книги. „Wenn früher auf den Straßen Deutsch gesprochen wurde, ist es jetzt überwiegend Russisch", erzählt Leah. Über eine Million russische Juden sind seit 1990 eingewandert, jeder neunte Einwohner ist demnach russischer Abstammung. Es gibt russische Schulen, eigene Fernsehsender und sogar offizielle Formulare auf Russisch.

Im Restaurant, als wir Hummus mit Pita essen, vom Auberginenmus kosten, beim ersten Glas Rotwein erzählt sie von Musik in Israel, von Bands und Radiostationen, von einer ganz eigenen Musikindustrie. Sie meint, wenn ich erfahren wolle, wie junge Leute in Israel denken, müsse ich mich mit Rockmusik beschäftigen und unbedingt die Sängerin Tzlil Danin kennenlernen. „Sie wird dir gefallen. Ich stelle sie dir morgen vor."

Eine Frau mit faltigem Gesicht und gebücktem Oberkörper in mittlerem Alter, auf die dennoch die etwas altbackene Bezeichnung adrett zutrifft, bleibt neben uns stehen, hält mir ihre offene Hand hin. Nachdem ich einige Schekel hineingelegt habe, murmelt sie etwas auf Hebräisch, von dem ich nicht weiß, ob es für mich oder meine Begleiterin bestimmt ist, und schlendert weiter. Sie wird mit sicherem Instinkt in mir den Fremden erkannt haben, der für sie entweder reich oder leichtgläubig, wahrscheinlich beides ist.

„Danke", sagt Leah anstelle der Frau. „Manche haben keine Wahl", fügt sie hinzu.

20.

ZU GAST BEI DER BERÜHMTEN SÄNGERIN
Tzlil Danin in Jaffa

Leah und ich, wir klingeln an einem Haus in einer stillen Straße in Jaffa. Das Klingelbrett ist mit vielen Namen und Aufklebern versehen, das Viertel macht einen gediegenen Eindruck, bei uns würde man gutbürgerlich sagen. Bäume spenden Schatten, die langen Balkone der Neubauten auf der gegenüberliegenden Straßenseite sind mit Markisen fast völlig verdeckt.

Auf unser Klingeln rührt sich nichts. Der Eingang ist verwinkelt und durch ein Gittertor verschlossen. Sind wir überhaupt richtig hier? Als ich ratlos auf und ab gehend nach anderen Türen suche, kommt ein Schwung junger Leute und nimmt uns mit ins Haus. Die schwarzhaarige, zierliche Frau mit den dunklen Augen und leicht getönter Hautfarbe, die zu ihnen gehört, ist Tzlil Danin. Mit beiden Händen hält sie einen offenen Karton mit ihren Einkäufen.

„Willkommen", sagt sie heiter, während wir im Treppenhaus nach oben steigen.

Im eindrucksvoll riesigen Flur im obersten Stock steht neben dem langgestreckten Glastisch ein Flügel, die Wände schmücken Bilder mit surrealistischen Motiven, auf einem Ölbild richtet sich der Schwan vor der sitzenden Frau mit erhobenen Armen auf. Vom Flur gehen mehrere Zimmer ab, in denen die Leute lärmend verschwinden und Leah mitnehmen, die mir aufmunternd zunickt. Der Flur öffnet sich nach zwei Seiten zu Balkonen, der zum Hof weisende liegt im Schatten, wo wir die Hitze des Nachmittags vergessen und uns in bequemen Sesseln niederlassen. Die Häuser mit Gärten ringsum sind flacher als unseres, aus denen ein Minarett herausragt. Tzlil Danins Mutter ist Marokkanerin, ihr Vater Jemenite, sie selbst indes vor neunundzwanzig Jahren bereits in Israel geboren, also eine Sabarit. Sie ist eine in Israel bekannte Sängerin und Songschreiberin, Tzlil produziert auch Titel, freilich nicht in diesem Haus, sondern in Studios. Sie gehört zur Gruppe Yafo Creative, die verschiedene künstlerische Independent-Vorhaben unterstützt, in ihrem Fall Musik und Videoclips, die eigenwillige Wege beschreiten, ohne dass sich die Stadt oder das Land mit Zuschüssen beteiligten. Sie wohnt und arbeitet zwar in Jaffa, aber ohne die Einflüsse des nahen Tel Aviv wäre diese Musik nicht denkbar. „Es ist Großstadtmusik", erläutert sie und drückt mir eine Tasse Tee in die Hand. „Ich singe zwar auch auf Hebräisch, aber vor allem auf Englisch, wodurch ich nicht nur in Israel verstanden werde. Die Musik wird sowohl für Israelis als auch für Araber produziert. Und wir wissen, dass wir auch in der Westbank gehört werden. Die jungen Leute dort haben den gleichen Geschmack wie wir."

Sie gießt mir nach, klappt geschäftig ihren Laptop auf, klickt sich durch zu dem Ordner mit ihrem Titel. Indem sie auf Wiedergabe drückt, ich sie auf der Bühne sehe, lächelt sie herüber und sagt, dass ihr Haar früher länger gewesen sei, ich sie vielleicht nicht gleich erkenne. Als ob mich das interessieren müsste, wenn es um ihre Musik geht. Erheitert schüttele ich den Kopf, diese Geste, unverkennbar weiblich, scheint überall auf der Welt gleich zu sein. Die Frau begegnet mir mit allem anderen als mit exaltierter Attitüde, die ich womöglich erwartet habe. Ich bin beeindruckt von ihrer umgänglichen und auf erfrischende Weise offenen Art.

Tzlils Musik ist eine ganz eigene Mischung aus internationaler Popmusik mit musikalischen Einflüssen aus dem Mittleren Osten – eine eingängige Musik, die wieder mehr auf die Stimme setzt als auf elektronische Effekte und die durchaus auch in Europa als reizvoll empfunden werden könnte. Wenn sie gemeinsam mit Maysa Daw, einer palästinensischen Musikerin, singt, begleitet nur von der Gitarre, die sie selbst spielt, ist ihre Stimme zärtlich und melancholisch, dann wiederum stark und voller Leidenschaft – eine unvergleichliche Session, die improvisiert wirkt und nicht einmal fünf Minuten dauert, aber lange nachhallt.

Bei Tzlils erstem Singlehit trat sie als Sängerin der populären Rockgruppe Metropolin auf, die 2005 von dem Musiker und Produzenten Ofer Meiri gegründet wurde, der in Israel berühmt ist. Gemeinsam mit ihm schrieb sie den erfolgreichen Song *Lesachek Im Harosh*, was auf Deutsch in etwa *Spiel mit meinen Gedanken* heißt.

Der Muezzin ruft zum Gebet vom Minarett herab. Ich schaue auf die Uhr, es ist 15.30 Uhr. Die Stimme kommt elektronisch verstärkt daher. Für einen Augenblick halten wir inne und werden daran erinnert, dass Jaffa heute ein gemischter Ort ist, die Juden sind zwar in der Mehrheit, ein Drittel jedoch bestreiten vor allem Muslime. Dieser Ruf ist so selbstverständlich, dass er unsere Arbeit nicht unterbricht, sondern im Grunde illustriert. Wir müssen beide lachen, als ich sage, dass der Muezzin auch nicht ohne elektronische Verstärkung auskäme.

Die Themen der Titel von Tzlil Danin drehen sich um Liebe, erklärt sie, persönliche Stimmungen, städtische Entfremdung, aber auch den Lauf der Jahreszeiten. Tel Aviv ist liberal und tolerant dem Einzelnen gegenüber wie sonst keine andere Stadt im Nahen Osten, hier kann jeder nach seiner Fasson glücklich werden, wie einst Friedrich der Große für Preußen postulierte. Aus dem Flur dringt Klaviermusik heran, eine anmutige Melodie, die sich wie ein Rauchfaden den Weg ins Freie bahnt.

Interessiert Tzlil Geschichte, jüdische Geschichte, könnte sie eine Rolle in ihren Songs spielen? Durch die Eltern ist ihr Blick nicht so sehr auf europäische Geschichte gerichtet. Aber natürlich: Indem sie Jüdin ist und in Israel lebt, schwingt der jüdische Background stets mit, ob er nun ausgesprochen wird oder nicht. Es ist ein Politikum, wenn die Sängerin Israelin ist – überall auf der Welt.

Ich begleite sie in die Küche, ein schmaler Raum mit Blick auf die Straße, wo sie ihre Einkäufe auspackt, Schraubgläser, Konserven, Gemüse und Obst routiniert verstaut, zwischendurch Kannen zur Seite schiebt und Kaffee kocht – eine junge Frau bei der Hausarbeit, die mir unbefangen einen geradezu intimen Blick in ihren Alltag gewährt.

Demnächst würde sich die große Rockmusikszene auf den Weg zum Musikfestival InDNegev machen, entweder um aufzutreten oder als Publikum. Über drei Tage hinweg seien auf mehreren Bühnen einhundert Bands aus Israel zu erleben.

„Einhundert Bands!", versichert sie und lässt ihre dünne Augenbraue in die Höhe schnellen.

Ich wusste nichts davon, wie denn auch. Kulturelle Ereignisse in Israel finden in den deutschen Medien kaum statt, selbst wenn sie ihresgleichen in dieser Region suchen und inhaltlich doch europäisch oder immerhin westlich orientiert sind.

„InDNegev gibt's schon seit Jahren und ist in Israel eine feste Größe", fügt Tzlil hinzu.

Mir kommt beim Wort Musikfestival Woodstock in den Sinn, obwohl es einigermaßen abwegig ist, weil es eine andere Zeit war, die ich eigentlich vergessen geglaubt habe. Tzlil war damals noch nicht geboren. Der Gedanke daran, dass ich keine Chance hatte, dorthin zu kommen, nagt plötzlich an mir: Erstens war ich zu jung, zweitens stand mir die Mauer im Weg.

Ich hatte Feuer gefangen. „Wo wird das Festival sein?", frage ich und ernte sofort einen ermüdeten Blick. „Wie der Name schon sagt: in der Negev, mitten in der Wüste."

Der Goi, der auch gar keine Ahnung hat, kann gerade noch „*toda raba*" entgegnen, vielen Dank, und sich freundlich verabschieden. Mehr fällt ihm nicht ein.

21.

DIE HOLLÄNDERIN IM KIBBUZ

Marlis van Gaalen-Levy

„Auf in die Wüste, Leah, lass uns in die Negev fahren." Sie spitzt ihre kräftig geschminkten Lippen und ihre Augen blitzen einen Augenblick auf. „InDNegev hat es dir wirklisch angetan?"

Schon bald hinter Jaffa wird die Landschaft karg, als wäre die Großstadt ein kurzer grüner Traum gewesen, Sand, so weit das Auge reicht, flache Büsche auf der einen, auf der anderen Seite der Autobahn: Betriebe, riesige Parkplätze, der Hinweis auf das Nuklearzentrum, dahinter wieder aufsteigende Dünen. Die ständigen Begleiter sind Strommasten der Überlandleitungen, die in der Ferne zu einem Wirrwarr zusammenlaufen. Nachdem wir die Abfahrten nach Ashdod und Ashkelon hinter uns gelassen haben, halten wir auf den Gazastreifen zu. Leah erzählt, dass vor dessen Unabhängigkeit die Arbeiter jeden Morgen in Bussen abgeholt worden seien, damit sie im Großraum Tel Aviv arbeiteten. Sie hatten ein festes Einkommen, gesicherte Arbeitsplätze, Krankenversicherung. Israelis fuhren gern nach Gaza zum Einkaufen und Essen, es war manches preiswerter und die Hotels waren gut. Gaza versorgte nicht nur sich selbst mit Gemüse, sondern produzierte so reichlich, dass die umliegende Region beliefert werden konnte. Gleich nach der Unabhängigkeit wurden neben den Synagogen die Gewächshäuser zerschlagen, einzig deshalb, weil sie von Israelis aufgebaut worden waren, die alle Gaza verlassen mussten; viele haben bis heute nicht wieder Fuß gefasst und leben in Wohnwagen. „Die Hamas hat alles kaputtgemacht", sagt Leah, und ihre Stimme ist empört. „Aber", fügt sie nach einer Weile hinzu, „ich bin sicher, es wird wieder wie früher."

Kurz vor dem Gazastreifen biegt das Auto in Richtung Beer Sheva ab, der Hauptstadt der Negev. Zeelim, unser Kibbuz, von dem aus ich täglich zum Festival fahren werde, liegt am Ende einer Stichstraße in der Wüste. Um die Ansiedlung spannt sich ein Zaun, die Zufahrt ist durch ein verschlossenes Tor und einen Posten gesichert. Leah verabschiedet sich, sie begleitet mich nicht auf das Rockfestival, so lange kann sie ihre Tochter nicht allein lassen. „Du wirst abgeholt und wieder zurückgebracht. Du wirst sehen, alles funktioniert, und wenn nicht so wie vorgesehen, dann wird improvisiert. Darin sind wir stark."

Die junge Frau in der Rezeption heißt Marlis van Gaalen-Levy. Die schlanke, blonde Holländerin mit dem fast kahlgeschorenen Schädel, die einen schwarzen Hosenanzug trägt, obwohl die Luft sehr warm und feucht ist, kam als Freiwillige 2000 nach Israel. *„I was a volunteer"*, sagt sie. Seit Bestehen des Staates stellen sich Sympathisanten Israels aus allen Teilen der Welt für einige Zeit in den Dienst des Landes: Sie arbeiten ohne Lohn, lediglich Kost und Logis sind frei. Was zunehmend wichtiger sogar für sehr junge Leute wird: Sie verzichten zu Hause dabei auf ihre für die Rente angerechneten Arbeitsjahre.

Warum sie das tun? Marlis schaut mich an, als hätte ich eine Frage gestellt, die im Grunde ehrabschneidend ist. Sie zuckt mit den Schultern, während sie sagt: „Für Israel. Wir machen es für Israel, was sonst."

Es ist diese umwerfende Direktheit, dieses den anderen herausfordernde Selbstverständnis, wodurch ich auf sie aufmerksam werde. Marlis verliebte sich in einen Israeli, heiratete und zog vor vier Jahren in diesen Kibbuz in die Negev, in dem heute vierhundertfünfzig Einwohner leben. Ist sie konvertiert?

Sie sagt kaum merklich den Kopf schüttelnd: „*No way.*" Diese Toleranz in religiösen Fragen hätte ich hier nicht erwartet, wo man auf arg begrenztem Platz miteinander auskommen muss. Die Familie hat einen achtjährigen Sohn und eine zwölfjährige Tochter, sie schätzen das Leben im Kibbuz, in dem Kindergarten und Schule kostenlos sind, die Eltern können die Kinder den ganzen Tag über aufsuchen, die praktisch ohne Kriminalität aufwachsen. Allerdings kommt es vor, dass junge Leute von ihren Ausflügen in die Städte Rauschgift („was zum Rauchen") mitbringen. Es gibt einen Lebensmittelladen für den Grundbedarf, der nach der Arbeit geöffnet hat: von 19.30 bis 21 Uhr. Wer darüber hinaus einkaufen will, fährt eine halbe Stunde nach Beer Sheva oder dreimal so lange nach Tel Aviv, wo auch ein dichtes Kulturangebot wartet. Im Kibbuz wird eine Bibliothek betrieben, ebenfalls eine kleine Galerie, was schon viel ist angesichts der geringen Einwohnerzahl und der Tatsache, dass man sich in der Wüste befindet.

Natürlich funktioniert der Kibbuz nicht mehr nach sozialistischen Mustern wie lange noch nach den Gründerjahren. Die ländlichen Kommunen wurden auch gegründet, um die Zukunftsvision von Gleichheit umzusetzen: Das gesamte Kibbuzeigentum gehört der Gemeinschaft als Kollektiveigentum; Privateigentum wird abgeschafft, das tägliche Leben kollektiv organisiert auf der Grundlage von Basisdemokratie. Nicht nur, dass diese Praxis wirtschaftlich uneffektiv ist, die endlosen Diskussionen nach der Arbeit haben nur noch ermüdet und Lebenszeit gekostet – für die Ideale der Gründerjahre kann sich heute niemand mehr begeistern, deren Niedergang zeitlich mit dem Kollaps des Ostblocks zusammenfiel. Heute werden alle Kibbuzim nach marktwirtschaftlichen Prinzipien betrieben. Dennoch kommen die meisten jungen Leute nach dem Militärdienst nicht mehr zurück; die Abwanderung ist dramatisch.

Zeelim, benannt nach den mächtigen Akazien der Wüstenregion, ist 1947 von jüdischen Einwanderern aus Osteuropa und Nordafrika gegründet worden, also noch in der Mandatszeit. Wegen der heißen Quelle hat man an dieser Stelle den Kibbuz errichtet, der ursprünglich ausschließlich von der Landwirtschaft lebte, vor allem von der Rinderzucht und vom Gemüseanbau. Derzeit betreibt er ein lukratives Geschäft mit dem Hotel, auf dem Gelände sind mehrere flache Gebäudekomplexe errichtet worden, in die kleine, spartanisch, aber zweckmäßig eingerichtete Zimmer mit jeweils separatem Eingang eingepasst sind.

Gaza befindet sich gerade mal acht Kilometer entfernt, muss man sich Gedanken machen? „Gefahr besteht immer", sagt Marlis unaufgeregt, aber ich spüre ihre Beklommenheit. „Wir leben hier mit der Gefahr, auch unsere Kinder. Beim letzten Krieg sind Raketen auf Zeelim abgeschossen worden, die glücklicherweise durch unseren *Iron Dome* abgefangen wurden, außerdem befindet sich eine Militärbasis in der Nähe, die Soldaten sind innerhalb von fünf Minuten zur Stelle, sollten Terroristen auftauchen."

Plötzlich frischt Wind auf, der Sand in dichten Schwaden heranträgt und sich über alles im Kibbuz legt und es schummrig werden lässt. Das Licht der Lampen am Weg hat es schwer, sich gegen das dichte Gelb zu behaupten. Ein heftiger Regen mit großen Tropfen geht nieder, der den Sand klebrig werden lässt. Nachdem das kurze Gewitter sich beruhigt hat, dämmert es bereits. Auf dem betonierten Platz vor der Rezeption spielen Kinder Fußball. Ein großer brauner Hund liegt auf der Fläche und beobachtet die Szenerie. Als jemand fotografiert, sich dabei automatisch Blitzlicht einschaltet, schaut er verstört auf und trottet unter einen Tisch.

„Er denkt", sagt Marlis, „das Gewitter geht wieder los, er hat Angst vor Blitzen." Sie lacht auf: „Dabei ist er ein Militärhund gewesen."

Die Frau fährt, wie es sich für eine Holländerin gehört, mit dem Fahrrad davon, nachdem sie einen Korb mit Einkäufen auf dem Gepäckträger verstaut hat. Ich rufe ihr ein *tot ziens!* zu, bis später, sie wünscht mir Vergnügen morgen beim Musikfestival. Dann verschwindet sie zwischen den Hotelbungalows auf dem unbefestigten Weg, der zum großen Essraum hinter dem Swimmingpool führt.

22.

DAS LEBEN IM KIBBUZ – FORTSETZUNG

Wenn der Bademeister kommt

Ein Swimmingpool in der Wüste – was für ein Luxus! Ich werde bald abgeholt, aber es wäre schade, wenn ich nicht noch schnell hineinspränge. Ins Wasser darf ich erst, sobald der Bademeister eingetroffen ist, was ein Hinweisschild unübersehbar mitteilt: auf Hebräisch und Englisch. Er ist aus dem Nachbarkibbuz zu uns mit dem Fahrrad unterwegs, was seine Zeit braucht.

Also gehe ich erst essen, der Diningroom, der fast das ganze flache, lang dahingestreckte Gebäude einnimmt, ist auf das unmittelbar Notwendige reduziert, die Holztische wischt gerade ein hochaufgeschossener hagerer Mann ab, der mir erzählt, dass er aus Argentinien stamme und jetzt hier zu Hause sei. Er sagt „für immer". Es fiel ihm schwer, Argentinien zu verlassen, das wunderschöne Land, in dem die größte jüdische Community Lateinamerikas entstanden ist, aber der Antisemitismus nimmt auch dort zu. In Israel befindet er sich unter seinesgleichen, was das Leben einfacher gestaltet. In Argentinien hatte er sich immer als Fremder gefühlt. Er ist für diesen Raum zuständig – seine einzige tägliche Aufgabe. Es werden ausschließlich Produkte aus Zeelim angeboten, vor allem, was aus Milch gewonnen werden kann, Käse, Quark, Joghurt, Butter, Sahne. Ein Kult mit saurer Sahne wie in Russland mit Smetana wird hier nicht betrieben, wo es sie in verschiedenen Stufen des Fettgehalts gibt, bis zu über zweiundvierzig Prozent, worauf die Russen stolz sind. Aber sie ist in Zeelim erfreulich cremig, und die Milch schmeckt endlich wieder nach Milch, wie ich sie aus der Kinderzeit in Erinnerung habe. Dazu gibt es Pita, Honig, Konfitüre und getrocknete Früchte, für die ich nicht alle Namen kenne. Ich sah irgendwann die Kühe, die unter Bäumen hinter Gittern auf Stroh standen. An größeren Auslauf ist nicht zu denken, wo sollen sie auch hin, wenn es keine Wiesen gibt, nur Sand, Sand, so weit das Auge reicht.

Inzwischen ist der Bademeister eingetroffen, er ist von bulliger Statur, sitzt auf einem erhöhten Stuhl aus Metall, hat eine tiefschwarze Hautfarbe und lacht, während er umständlich eine Grapefruit schält, sorgfältig, beinahe pedantisch die weiße Haut zwischen den Stücken entfernt.

Obwohl das Wasser von der heißen Quelle stammt, ist es unverhofft kalt, ich taste mich behutsam hinein und messe schwimmend eine Bahn, lande schließlich im flachen Wasser für die Nichtschwimmer, wo es kaum wärmer ist. Die Quelle speist ebenfalls das Brauchwasser im Kibbuz, das nahezu vollständig recycelt wird, weshalb man Papier vom Kreislauf trennt, was übrigens fast überall in Israel so gehandhabt wird mit Ausnahme in den Hotels. Um der Wasserknappheit zu begegnen, braucht man Ideen. Aber hier sprudelt das Nass, in einem separaten Gebäude wird sogar ein Hamam betrieben – das Osmanische Reich lässt wieder grüßen. Um den Pool herum gedeiht neben Dattelpalmen und Eukalyptusbäumen sogar Rasen, zwar nur ein überschaubares Stück, aber immerhin, der jedoch wie alle Pflanzen durch die elektronisch gesteuerte Tröpfchenbewässerung versorgt wird. Das System wisse, wie viel Wasser jede einzelne Pflanze benötigt, erklärte mir jemand. Ich musste über die Formulierung lachen, indessen ist dieses Bewässerungssystem patentiert und wird international vermarktet – ein für Israel bedeutender wirtschaftlicher Faktor. Aus den Büschen höre ich den Zilpzalp ständig seinen Namen rufen, der im Sommer in Europa lebt, südlich des Mittelmeers dagegen überwintert. Der Bademeister beordert mich zu sich und reicht mir eine Scheibe seiner Grapefruit hinunter ins Wasserbecken. Er hat nicht viel zu tun, Schulklassen erscheinen hin und wieder, Touristen natürlich auch; ab 16 Uhr, wenn die Kibbuzmitglieder von der Arbeit eintreffen, besteigt er allerdings sein Fahrrad. *„It's crazy"*, sagt er, lacht schallend, dass sein rosaroter Rachen aufleuchtet, und schiebt mir eine weitere Grapefruitscheibe in die Hand.

23.

BACK TO THE ROOTS
Mit Amber Ra auf der InDNegev

Das Auto kommt auf den schmalen Wegen, die sich durch den Sand bahnen, schwer voran, der Zulauf durch die Festivalbesucher ist so ungeheuer groß, die mit Schlafsäcken, Decken, Zelten bepackt sind. Schon von fern dringen die dumpfen Bässe zu uns, nach wenigen Minuten bin ich mit einem Plastikarmband versorgt, das mir den Zugang zu allen Bereichen erlaubt. Nach der üblichen Taschenkontrolle laufe ich mit den Besuchern durch den heißen Wüstensand zu den Bühnen. Es ist auf wunderbare Art wie früher, als ich Open-Air-Rockkonzerte besuchte: Mein Schritt geht leicht wie auf Watte im Rhythmus der Musik, ergriffen von einem Hochgefühl, das sich vielleicht daraus erklärt, dass sich in diesem Moment alles anders als in meinem täglichen Leben gestaltet, dass ich Teil eines Ganzen bin, von dem ich bis vor kurzem nichts wusste: endlich angelangt, wo ich herkomme.

Was mir sofort auffällt und was sich bis zuletzt bestätigt, ist die Friedfertigkeit der Atmosphäre, das geradezu freundschaftliche Umgehen von völlig Fremden miteinander, bei dem man sich ohne weiteres näherkommt. Ich lerne eine Frau kennen, die mit der Organisation des Festivals zu tun hat. Dunkelblondes lockiges Haar fällt ihr auf die Schultern, sie trägt ein auffälliges Tattoo auf der Innenseite des Unterarms und große Ohrringe. Sie ist Mitte dreißig, heißt Amber Ra und erzählt mir, dass der Name des Festivals InDNegev den Independent-Charakter wiedergebe, die allesamt aufsteigenden Bands machten Musik unabhängig vom allgemeinen Zeitgeschmack. Als das Festival 2007 gegründet wurde, verkaufte man eintausend Tickets, in diesem Jahr sind es bereits achttausend. „Du bist aus Deutschland?", fragt sie. „Wie denkt ihr über Deutschland?", entgegne ich offensiv. Hier sind fast nur junge Leute, und sie ist selber jung. Unvermittelt sagt Amber: „Ich habe Freunde in Deutschland, die lernen Deutsch. Wir lieben Berlin und leben gern dort, wir studieren oder gründen Start-ups." Sie prustet schon, bevor sie den berühmt-berüchtigten Ausspruch Wowereits zitiert: „Berlin ist arm, aber sexy." Amber macht einen so freimütigen Eindruck, dass ich wage, danach zu fragen, welche Rolle der Holocaust in ihrer Generation spielt. Sofort erklärt sie unumwunden: „Keine mehr."

„Keine mehr?", wiederhole ich und spüre meinen erschrockenen Tonfall.

„Es gibt Jom Haschoa einmal im Jahr, an dem alle Israelis des Holocausts gedenken, was sie mehr oder weniger ernsthaft betreiben. Das ist schon alles."

„Du weißt, der Holocaust ist ein großes Trauma, auch für uns Deutsche."

Sie schaut mich fest an und sagt dann: „Ich verzeihe euch, es klingt merkwürdig für dich, ich weiß gar nicht, ob ich's überhaupt darf. Aber ich weiß, wir verzeihen euch, glaub mir, es gibt so viele Bedrohungen für Israel aus den arabischen Staaten und dem Iran. Es geht jetzt wieder um unsere Existenz. Meine Großeltern stammen aus Danzig, ich kenne eure Geschichte. Ihr habt euren ganzen Osten verloren und Millionen von euch sind vertrieben worden oder haben ihr Leben gelassen. Ihr seid genug gestraft."

Die Offenheit der jungen Frau macht mich fassungslos. Sie beobachtet mich aus den Augenwinkeln, als wüsste sie nicht, was sie mit mir anfangen sollte. „Warte mal", meint sie kopfschüttelnd und verschwindet in ihrem Zelt, aus dem sie eine Orange holt, die sie mir mit den Worten in die Hand drückt: „Ein Geschenk, es kommt aus meinem Kibbuz in der Nähe von Tel Aviv, in dem ich geboren bin." Zum Geschenk gibt es eine herzhafte Umarmung und auf jede Wange einen Kuss. Und damit ich auf keine dummen Ideen komme, sagt sie „Tschüss" und verschwindet wieder in ihrem Zelt.

Das Grau meiner im Wüstenwind wehenden Haare kann nicht übersehen werden, offensichtlich ist jedoch, dass ich nach dem Krieg geboren bin, dennoch trage ich als Deutscher diese Bürde namens Auschwitz, ob ich will oder nicht. Wer sollte sie uns nehmen? Die Toten von Auschwitz können es nicht, die Überlebenden wollen es nicht. Die dritte Generation danach, die scheint wohl bereit zu sein, darüber nachzudenken. Ich hatte schon häufig davon gehört, musste ausgerechnet hierher kommen, auf ein Rockfestival, um es selbst zu erfahren.

Einige Tage danach erklärt mir Leah, dass viele der dritten Generation nach Auschwitz dieser Ansicht sind. Es ist kein Geschichtsrevisionismus, weiß Gott nicht, dass sie sich nicht weiterhin mit der Vergangenheit aufhalten, kein Ziehen eines Schlussstrichs, sie richten den Blick bloß problembewusst nach vorn, das ist es. Außerdem: Jeder der neun Millionen Einwohner des Landes, jeder Einzelne hat dazu wie in allen anderen Fragen eine eigene Meinung, die er sehr heftig vertritt.

„Und was", sagt sie, „was will ich dir, dir denn persönlich vorwerfen?"

Ich finde mich auf einer weit entfernten Düne wieder und habe mir eingeredet, den Sonnenuntergang verfolgen zu wollen. Es war ein grandioses Ereignis, das viele Hundert Besucher von anderen Dünen aus ebenso beobachten. Kein Baum, kein Haus, nichts hindert den Blick, als wäre die Wüste ein Meer, in der die Sonne ganz langsam versinkt, doch bevor sie endgültig verschwindet, befeuert sie die Luft wie in einem letzten verzweifelten Aufbäumen mit einem leuchtenden Rot.

24.

DAS MUSIKFESTIVAL IN DER WÜSTE

Lechaim heißt Prost

Ich lasse mich zu einer kleinen, flachen Bühne treiben, wo die Punkband Deaf Chonky spielt, drei sehr junge Frauen machen eine Musik, die dynamisch hämmernd durch den Körper dringt, recht schnell ausrechenbar und dadurch ideenlos wäre, wenn sie nicht auf so frappierende Weise ehrlich sein würde. Die musikalischen Einflüsse reichen von Garage-Punk, Folk-Punk und russischer Volksmusik. Sie singen so leidenschaftlich, dass die paar Dutzend Zuhörer in Verzückung geraten, jede ihrer Bewegung kommentiert die wild jagenden Rhythmen unter farbigen Glühbirnen. Ich trinke *Goldstar* aus einem dickwandigen Plastikbecher, während ich andere Bühnen aufsuche und immer auf eine Atmosphäre stoße, die jeden einfängt. Die meisten Besucher gehen barfuß, Familien haben ihre Kinder mitgebracht, mit denen sie tanzen und auf einer Decke am Rande liegen und nachher schlafen werden. Einzelne Frauen mit langen offenen Haaren verstehen es trotz ihrer bis zu den Knöcheln reichenden Gewänder, versonnen einen Hula-Hoop-Reifen um ihren Bauch kreisen zu lassen. Immer wieder bilden sich spontan Gruppen von Tanzenden, die sich mehr und mehr vergrößern, sich an den Händen fassen und mitsingen – und plötzlich auflösen. Die Band Feter Hendel pflegt einen für mich ungewohnten, aber feinen melancholischen Sound aus Gitarren und Akkordeon, Violine und Schlagzeug. Es ist eine Indie-Folk-Band mit Moshe Hendel, der zusammen mit seinem Freund Zev Gelber aus seiner Heimatstadt Melbourne, Australien, nach Israel gezogen ist – ein einzigartiges Musikerlebnis.

Plötzlich erreichen mich märchenhafte Klänge, denen ich fasziniert folge. Die Band Firqat Al-Noor, eigentlich ein großes Orchester, spielt klassische arabische Musik aus dem Irak, Ägypten, Tunesien und Marokko. Sie besteht aus vielen Mitgliedern, gleichermaßen Juden wie Araber. Die Bühne ist entsprechend groß, aber auch sehr hoch und vom Zuhörer weit entfernt. Diese Musik, so gewollt sie vielleicht ein politisches Kalkül verfolgen mag, so sehr erfüllt sie meine Vorstellung von der Kultur des Orients, deren Zauber ich erliege.

Komm, rufe ich mir zu, komm endlich, hörst du das?, und laufe zu der Bühne hinter dem nächsten Sandhügel. Die Band heißt Quarter to Africa, sie vereint europäisch-amerikanische mit afrikanischen Elementen, Jazz mit Folklore, was eine mitreißende Musik vor allem wegen des dominierenden Saxophons ergibt, das mit seiner unverkennbaren Klangfarbe eine soulige Grundierung erzeugt. Ich kann gar nicht anders, als zu tanzen, jetzt tanzt jeder mit jedem, gleichzeitig mit den vielen Tausenden, hier ist es immer noch warm und hell und draußen in der Wüste dunkel. Und wir alle gehören zusammen, solange die Musik spielt und vielleicht noch eine Weile darüber hinaus. Diese Musik erinnert mich an die britische Band Colosseum, bekannt geworden vor allem durch ihre *Valentyne Suite*. In der DDR spielte deren Titel die legendäre Leipziger Bürkholz-Formation, die 1973 zwangsaufgelöst und damit verboten wurde. Ich hörte sie einmal in der Nähe von Berlin im

Gesellschaftsraum einer Gaststätte, von denen es damals in vielen Dörfern eine gab. Der Saal tobte, er drohte, diesen Klängen nicht gewachsen zu sein; selten erlebte ich, wie viel Kraft von Musik ausgeht, die festgefügte Ordnungen infrage stellen kann.

Als ich mit einem Plastikteller in der Hand einen Platz zum Essen suche, erlebe ich eine ernüchternde Überraschung. Freie Sitze werden penetrant besetzt gehalten, es gibt kein Entgegenkommen, kein verbindliches Lächeln, nur eisernes Kopfschütteln. Schließlich setze ich mich, ohne zu fragen, in eine größere Gruppe hinein, suche keinen Blickkontakt, beginne sofort zu essen, als gäbe es beileibe nichts Wichtigeres. Doch niemand protestiert, offenbar ist die unverbindliche Bestimmtheit, mit der ich mich bewege, die normale Form des Umgangs. Plötzlich taut das Eis, komme ich mit meinem Nachbarn ins Gespräch, der mir einen Tipp gibt, morgen träten die Jewish Monkeys auf.

„Jewish Monkeys?"

„Die musst du erlebt haben."

Bis morgen habe ich noch viel Zeit, schlendere über das Festivalgelände, klappere Bühne für Bühne ab und bleibe schließlich an den Getränkeständen unter einem langgezogenen Zeltdach hängen. Die sehr junge Frau mit blonden Zöpfen hinter der Theke spricht mich auf Deutsch an: „Mein Großvater kommt aus Stuttgart", sagt sie beim Zapfen, womit sie mich überrascht. *„Lechaim"*, entgegne ich und hebe meinen Plastikbecher. Sie strahlt, zapft sich selbst hastig etwas Bier; während sie mit mir anstößt, fragt sie, wie man es in Deutschland ausdrückt. „Man sagt Prost", rufe ich. Sie skandiert laut und froh, ein neues deutsches Wort erfahren zu haben: „Prost", dabei stört sie nicht, dass die Schlange hinter mir immer länger wird, man beginnt schon, sich bemerkbar zu machen. Nachdem wir einen Schluck getrunken haben, erkundigt sie sich nach der Bedeutung. „Auf ein langes Leben", schreie ich. „*Ze tov*", erwidert sie in gleicher Lautstärke, das ist gut. Natürlich ist es gut. Und immer, wenn ich in einiger Entfernung vorbeigehe, macht sie mich in der Menge aus, hebt ihren Becher sehr hoch, höher als ihren Kopf, und ruft lachend: „Prost", und ich weiß wahrscheinlich als Einziger, dass sie auf ein langes Leben mit mir anstößt.

25.

ZWEI DEUTSCHE IN ISRAEL

Ronni Boiko und Jossi Reich

Ronni Boiko treffe ich nach dem Auftritt der Jewish Monkeys hinter der Bühne im Schatten unter Bäumen und aufgespannten Netzen, die an Tarnnetze erinnern, wie man sie bei der Armee verwendet. Wir räumen Plätze frei, um uns an eine lange Tafel setzen zu können, an der bereits Techniker, Künstler, Sicherheitsleute Pause machen und fachsimpeln. Er hat drei Kinder, ein Sohn ist an seiner Seite, der den Vater auf der Bühne erleben will. Ronni, der Sänger und Textschreiber, ist noch ein wenig gezeichnet von seinem Auftritt, nimmt einen kräftigen Schluck Wasser aus der Flasche und wischt sich mit der flachen Hand über die Stirn. Ich meine, neben Jiddisch und Englisch auch Worte, vor allem Klänge gehört zu haben, die an den Balkan denken ließen. „Ganz einfach, mein Vater war Rumäne, da liegt es auf der Hand, Sprache und Musik dieser Region einfließen zu lassen." Während ich erwähne, dass ich Rumänien und die Bewohner, vor allem deren ausgeprägte Gastfreundschaft lieben gelernt habe, hellt sich sein Gesicht auf. Als junger Mann bin ich jahrelang Sommer für Sommer durch dieses Land, durch all seine Regionen getrampt: immer bis zum Schwarzen Meer, das unser Mittelmeer, in Wahrheit unser Mittelmeerersatz war, wieder ein Surrogat.

Die Jewish Monkeys vereinen Musik des Mittelmeerraumes, des Balkans, Polka und jüdische Melodien mit Punk und schräger Zirkusmusik zu einer Musik voller Tempo und Überraschungen, die einen ausgeprägten Sinn für Unsinn hat – eine anarchisch-chaotische Undergroundmusik, die von der Vielgestaltigkeit jüdischer Wurzeln lebt.

Indem sie Jiddisch, die Sprache der osteuropäischen Juden und deren altes Liedgut pflegen, bewahren sie diese Kultur, die beinahe als ausgestorben galt, vernichtet wie diejenigen, die sie gepflegt haben.

„Im Grunde sind die Monkeys Satiriker", sagt Ronni. Sie sehen sich in der Tradition jüdischer Neurotiker wie Woody Allen und der Marx Brothers. Sie machen sich nie über andere lustig, wohl aber mit ihren satirisch-bösen, auch frivolen Texten über soziale Zustände. Ihre Auftritte sind andauernde Tabubrüche.

Nach einiger Zeit erfuhren sie, dass Jewish Monkeys ein bereits existierender Begriff ist: ein unflätiges Schimpfwort der Araber für Juden, aber der Name war mittlerweile ein eingeführtes Label, so dass sie gar nicht daran dachten, ihn zu ändern. „Juden dürfen sich selbst so nennen. Außerdem tut uns etwas Selbstironie ganz gut", sagt er und schiebt seine Hornbrille zurück.

Mittlerweile kommt Jossi Reich dazu, der alerte Mann trägt wie Ronni Jeans mit abgeschnittenen Hosenbeinen. Er schlägt seinem Freund auf die Schulter und erzählt, wie sie sich kennengelernt haben: mit zehn Jahren im Synagogalchor in Frankfurt am Main. Aber Ronni hatte einen gefährlich großen Deutschen Schäferhund, vor dem sich Jossi fürchtete. „Er hieß Blondie", sagt Jossi Reich genüsslich und grinst.

„Glaub das bloß nicht", wendet Ronni ein.

„Jedenfalls musste ich erst einmal meine Furcht überwinden,

was mir schließlich gelungen ist, wie man sieht", ergänzt der Freund.

Wieder jüdischer Humor, die Fähigkeit, über sich selbst lachen zu können, sich über die finstersten Seiten deutscher und jüdischer Geschichte lustig zu machen: Befreit man sich durch Lachen von der Last der Geschichte?

Ronni Boiko, inzwischen promovierter Tierarzt, und Jossi Reich, sowohl Schriftsteller als auch Unternehmer, wandern 1997 nach Israel aus. In Tel Aviv treffen sie auf den Psychologen Gael Zaidner und beschließen, eine Band zu gründen. Es entsteht ein Gesangstrio, das politisch unkorrekte Texte singt. Damit war der Grundstein der Jewish Monkeys gelegt, zu denen nun acht Mitglieder zählen, die Akkordeon, Klavier, Posaune und Gitarre einsetzen.

Jossi und Ronni musizieren in einer israelischen Band, sie sprechen zwar bestens Hebräisch, aber alle wissen, sie kommen aus Deutschland. Werden sie nicht gefragt, weshalb sie in Israel leben?

„Nein", sagt Ronni, „im Gegenteil, sie fragen, warum ich nicht in Deutschland lebe. Mir ginge es dort besser, meinen sie, und sie haben recht." Und warum lebt er in Israel? „Nicht aus patriotischen Gründen, das gewiss nicht. Der Zusammenhalt ist es, er ist stärker, die Menschen sind im Umgang miteinander herzlicher. Du kommst aus dem Osten, ja? Die Leute hier sind ein bisschen wie bei euch, ich habe einige kennengelernt: Die Karriere ist nicht so wichtig, auch das Geld nicht, irgendwie kommt man schon zurecht, ansonsten hilft man einander." Ich bin mir nicht sicher, so freundlich es auch klingt, ob das alles stimmt. Überall wurde Misstrauen gesät, niemand konnte sich sicher fühlen, nicht einmal in seinen eigenen vier Wänden: Ein

Blick in die Stasiakten reicht aus. Ehe ich widersprechen kann, erzählt er mir die Geschichte seiner Familie. Seine Großeltern sind nach Palästina ausgewandert, seine Eltern vertrugen das Klima nicht und kehrten in den sechziger Jahren zurück nach Frankfurt. Er wiederum ging nach Israel, fand seine Frau und das Glück. Glück? Die Auseinandersetzungen mit den Palästinensern in der Westbank, die allein in diesem Jahr zahllosen Attentate in Jerusalem und im ganzen Land – ist der Druck nicht belastend? „Diese Konflikte werden im Westen dramatischer dargestellt, als sie wirklich sind. Das Leben hier ist völlig normal. Natürlich kann jederzeit was passieren, aber daran denkt man nicht." Die Länder um Israel herum versänken im Krieg, erklärt er, lediglich in diesem Land gebe es noch Frieden. Aber der Frieden sei nur möglich durch eine Politik der Stärke. In der Levante herrschten andere Gesetze als in Europa, wo Probleme durch Wahlen entschieden würden und man denke, der Mensch sei gut, derjenige mit den besseren Argumenten habe recht. In dieser Region regierte das Gesetz des Stärkeren. „Kompromissbereitschaft wird als Schwäche ausgelegt", stellt er fest.

Als wir uns zum Abschied umarmen, erkundigt er sich danach, wo genau ich wohne. Zahlreiche Touren führten die Jewish Monkeys durch Deutschland, das sich besonders offen für die Kunst dieser jüdischen Musikanten und Komödianten zeigte. „In Dresden haben wir auch schon gespielt, vor ein paar Jahren. Es war ein großer Erfolg. Wir kommen auf jeden Fall gern wieder."

26.

DIE BEWEGTE METROPOLE II

Tel Aviv schläft nie

Die Ben-Yehuda Street ist eine ebenso ruhelose wie lange Einkaufsstraße, die vom Bahnhof abgeht und später parallel zur nahen Küste verläuft. Leah erzählt, dass die Straße nach Eliezer Ben-Jehuda benannt sei, den hierzulande jeder kennen würde. Aus dem zaristischen Russland stammend, ist er der Begründer des Ivrit, des modernen Hebräisch, Anfang des vorigen Jahrhunderts. Hebräisch war ab 200 nach Christus als gesprochene Sprache ausgestorben.

Es ist Mitte Dezember und angenehm warm, die Luft liegt wie Seide auf der Haut, über die behutsam Wind streicht, der die Palmen als Schemen vor dem dunklen Himmel bewegt. In einer Kneipe machen wir halt, auf dem überdachten Trottoir sitzen wir auf Barhockern. Ich merke schnell, dass ich vermutlich der einzige Ausländer bin – was niemanden interessiert. Die etwa eine halbe Million Einwohner Tel Avivs kommen aus aller Herren Länder, sie sind an Fremde gewöhnt, sie oder ihre Vorfahren waren hier selbst einmal Fremde.

Tel Aviv schläft nie, nicht zuletzt durch das Nachtleben wird sie zu einer der lebhaftesten Metropolen der Welt. Was mir auffällt, ist das Selbstbewusstsein der Israelis, ein unprätentiöser Stolz, der sich auch in der Art, Kleider zu tragen, ausdrückt. Jeder zieht an, was er will, und trägt es, wie er will: von spleenig über abgerissen bis modisch schick und elegant. Die Kehrseite, die vielleicht gar nicht die andere Seite bedeutet, sondern lediglich ein Aspekt der gleichen, lerne ich beim Anstehen kennen: die Fähigkeit zum beharrlichen Drängeln, was mich an DDR-Zeiten erinnert, da man sich durchzusetzen hatte, wenn man erfolgreich einkaufen wollte. Energisch werden eigene Interessen vertreten, häufig auch sehr lautstark. Ich sollte in einigen Tagen Agamon Hula besuchen, ein Naturschutzgebiet um den Hulasee herum, südlich von Kirjat Schmona, einer kleinen Stadt an der Grenze zum Libanon, die immer wieder den Attacken der Hisbollah ausgesetzt war. Die im Herbst von der Boddenlandschaft an der Ostsee startenden Kraniche landen unter anderem auch in jenem Sumpfgebiet zwischen Papyrus, Eukalyptusbäumen und Zuckerrohr, wo sie von Safariwagen aus beobachtet werden können. Familien machen an einem der beiden arbeitsfreien Tage einen Ausflug hierher, der Eintritt kostet fünf Schekel, ist also erschwinglich. Die Kinder, bevor es auf die Wagen geht, wollen alle ein Eis, die Mütter stellen sich mit ihnen an. Ich habe versucht, mir ebenfalls ein Eis zu kaufen, ich hatte noch nie in Israel Eis gegessen – keine Chance. Wer nicht mitdrängelt, und zwar unter massivem Ellbogeneinsatz, dringt nicht zum Verkaufsstand vor. Noble Zurückhaltung (ich kann gar nicht anders) führt nicht zum Ziel. Der flache, halbdunkle Raum war von kräftigem Lärm erfüllt, der lediglich nachher vom tausendfachen Kreischen der mit Mais angefütterten Kraniche übertroffen wurde, die ich zum ersten Mal aus so kurzer Distanz gesehen hatte: Was für imposante Vögel!

Wieder das gleiche Drängeln, als Leah und ich an dem Abend noch in einen Club wollen. Mehrere Dutzend Leute stehen vor der Tür auf dem Gehweg, dabei zwar eine Reihe einhaltend, aber als sich die Tür öffnet, wird geschoben und herumschwadroniert. Dieser Club befindet sich im obersten Stock eines Hochhauses, ich habe einen unvergleichlichen Ausblick auf die illuminierte Stadt, von der ich erst jetzt zu ahnen beginne, wie groß sie tatsächlich ist. Ich verzweifle bei dem Versuch, in diesem Lichtermeer Punkte auszumachen, die ich wiedererkenne. Nirgendwo findet es von hier aus seine Grenze zur Dunkelheit, so dass man meinen könnte, es gebe keine. Als ich aber einmal nachts mit dem Flugzeug von Eilat, der Küstenstadt am Roten Meer, nach Tel Aviv fliege, taucht plötzlich nach der Finsternis der Wüste wie hinter einer gedachten Linie ein funkelnder Teppich auf. Tel Aviv ist ein durch die vielen umliegenden Städte unaufhörlich wuchernder Moloch. Leah und ich tanzen nach wilden Rhythmen einer Diskomusik, wir tanzen auseinander, ohne uns zu berühren wie all die anderen um uns herum: verschwitzte, geschmeidig sich bewegende, zuckende Leiber.

„Weihnachten", frage ich sie später, „wie wird in Israel Weihnachten gefeiert?" Immerhin ist es nicht mehr weit bis dahin, und zu Weihnachten möchte ich zu Hause sein.

„Unsere Christen feiern wie ihr, die Juden Chanukka", erklärt Leah, „auch Muslime dürfen der Geburt Jesu gedenken. Jesus ist ein geachteter und geliebter Prophet im Islam. Allerdings denken nicht alle Muslime so tolerant, Jesus anzubeten ist für sie eigentlich Gotteslästerung, die nicht ungestraft bleiben darf."

Zur Kultur eines Landes gehören schließlich auch die Feiertage und wie man sie begeht. Neben Bethlehem in der Westbank ist Nazareth die wichtigste Weihnachtsstadt Israels. „Wir sollten morgen hinfahren, was meinst du", sagt Leah plötzlich. Ich konnte buchstäblich zusehen, wie sie mit sich rang.

„Du opferst so viel Zeit", erwidere ich, „ich kann das nicht von dir verlangen."

„Du verlangst es doch gar nicht."

Im Taxi schweigt sie, nachdem sie dem Fahrer das Ziel genannt hat, von dem ich nichts verstanden habe. Das Auto steuert zwar durch die Dizengoff Street, in der ihre Freunde wohnen, bei denen sie übernachtet, wir halten aber nicht. Es gilt plötzlich, ohne dass wir darüber gesprochen haben, als abgemacht, dass sie bei mir bleibt, mich nicht ins Hotel begleitet, wir jedoch weiterwollen, irgendwohin zum alten Hafen, dort ist der Strand leer und unbeleuchtet. Während wir hinausschwimmen, erzählt sie mir ihre Geschichte. Sie stammt aus einem Kibbuz in der Judäischen Wüste, lernte den Vater ihrer Tochter nach Armeezeit und Studium kennen, als sie in jenem Reisebüro arbeitete, wo Gilad als Kunde ab und an auftauchte. Er eroberte sie und zog sich sofort zurück, als er merkte, dass sie es ernst meinte. Sie wusste nicht, dass Gilad verheiratet war, der nun mit seiner Familie in Amerika lebt.

Kaum merklich hat der Wind in der klaren Luft eingesetzt, das Wasser schwillt heran und drückt uns von der Küste weg in die offene See.

„Sag mal, Leah, gibt's hier Haifische?"

27.
WEIHNACHTEN IN ISRAEL
Schweinebraten zum Fest

Nazareth, umgeben von sanften, idyllischen Hügeln in Galiläa, ist der Ort, an dem alles begann, wo der Engel Gabriel Maria die Frohe Botschaft überbrachte: „Heil dir, du Auserwählte, der Herr ist mit dir! ... Und siehe, du wirst empfangen in deinem Leib und einen Sohn gebären, und du sollst ihn Jesus nennen" (Lukas 1). Die Stadt begrüßt uns mit Weihnachtsdekoration, wie wir sie bei uns in Deutschland kennen, nur etwas opulenter, auch kitschiger, vor allem farbenfroh: Die Straßen sind mit Lichterketten geschmückt, die Auslagen vieler Geschäfte zeigen Weihnachtsmannkostüme, Baumkugeln, grellbunten Flitterkram, bei dessen Anblick mir unweigerlich der Geruch von Räucherkerzen und Lebkuchen in den Sinn käme, wenn wir nicht knapp unter dreißig Grad Celsius hätten. Welche Bäume schmückt man hier? Wachsen so viele Nadelbäume oder werden sie etwa importiert?

„Nadelbäume aus Plastik, was sonst", ruft mir Leah zu.

In Nazareth, der Stadt mit dem größten arabischen Bevölkerungsanteil, leben Christen neben Muslimen, die hier in der Mehrzahl sind. Minarette und Dächer, auf denen der Halbmond thront, bilden ebenso die Silhouette der Stadt wie Türme von Kreuzfahrer- und byzantinischen Kirchen. Der imposanteste Turm freilich ist der der Kirche Mariä Verkündigung. Über der Höhle, in der der Engel Maria aufgesucht hat, ist eine Kirche gebaut worden, die immer wieder zerstört wurde. Nach dem letzten Wiederaufbau konnte sie 1969 geweiht werden. Der Pfarrer, der am Nachmittag den Gottesdienst vor einer überschaubaren Schar von Gläubigen hält, ist unverkennbar Europäer, die Sprache Polnisch. In der Synagogenkirche im Basarbereich hat Jesus nicht nur gebetet, sondern auch gepredigt, ursprünglich in einer Synagoge, die eine Kirche wurde. Sie gehört heute zur melkitischen Kirche, einer griechisch-katholischen Kirche.

Zum Fest, erfahre ich, kann durchaus Schweinebraten auf den Tisch kommen, der jedoch nicht so ohne weiteres zu beschaffen ist. Wahrscheinlich dreht sich jedem Muslim ebenso wie gläubigen Juden bei dem Gedanken daran der Magen um. Wir trinken keinen Glühwein, der ist hier unbekannt, dafür gesunden Granatapfelsaft, frischgepresst wird er an Ständen am Straßenrand angeboten. Später in Kanaa, wie sollte es anders sein, findet man Wein auf den Verkaufsständen, Hochzeitswein, versteht sich. Kanaa, arabisch Kafr Kanna, ist ein Dorf gleich hinter Nazareth am Weg zum See Genezareth. An der Stelle, wo Jesus anlässlich einer Hochzeitsfeier eine große Menge Wasser in Wein verwandelt haben soll, steht die römisch-katholische Hochzeitskirche, die wiederum auf einer verfallenen Moschee errichtet wurde, unter deren Boden man das Mosaik einer Synagoge aus dem fünften Jahrhundert fand – die drei Weltreligionen auf demselben Platz. Als ich einen mit Weihnachtsdekoration vollgepackten Laden betrete, werde ich nicht mit dem üblichen *As-salam alaykom* begrüßt, schon gar nicht mit *Schalom*, sondern mit „*Merry Christmas*" und einem betörenden Lächeln der Verkäuferin, die in mir einen Käufer wittert und nicht ahnt, dass ich nur beobachten will. Indessen bleibt sie bei dem Lächeln, als ich gleich wieder verschwinde. Und dann sehe ich doch einen Weihnachtsbaum, übermannsgroß und raumgreifend, und zwar an der Stelle am Jordan, wo Jesus durch Johannes getauft wurde, in Yardenit, unweit des Sees Genezareth. Ständig wird hier getauft, es scheint eine wahre Tauf-Industrie zu geben, die ganze Busladungen von Täuflingen heranschafft, die einzeln oder auch gruppenweise ins Jordanwasser steigen und mit zugehaltener Nase mit dem Rücken voran eintauchen. Manche füllen auch heiliges Jordanwasser in Coca-Cola-Flaschen für zu Hause, ohne auch nur zu bedenken, ob es durch die Banalität des Gefäßes nicht säkularisiert und dadurch lediglich zu simplem Flusswasser wird. Aber welches Gefäß wäre dafür tatsächlich geeignet? Ich streife meine Schuhe ab, ziehe mit aufgekrempelten Hosenbeinen andachtsvoll durchs Wasser, es ist ebenso klar wie weich, überall lassen sich große Fische bedächtig treiben, als wären sie sich der Bedeutung des Orts und dadurch ihrer selbst bewusst.

Von Younis erfahre ich, dass man die eigentliche Stätte des sakramentalen Geschehens viel weiter flussabwärts im Westjordanland nahe Jericho vermutet, ein Ort, den er mir zeigen wird. Leah stellte ihn mir vor: „Er heißt vollständig Abu-Hammad Younis und wird dich durch die Wüste führen. Er kennt sich dort viel besser aus als ich."

28.

WIR FEIERN CHANUKKA
Der Beduine und die Wüste

„Vierzig Tage nach der Taufe führte der Heilige Geist Jesus durch die Wüste. In der Wüste bin ich zu Hause", sagt Younis lachend, der Anfang siebzig ist, längeres, von keiner grauen Strähne durchsetztes tiefschwarzes Haar und leicht getönte Haut hat. Er lenkt den Wagen ins Westjordanland, nach Samaria, spricht die beiden Soldaten am Checkpoint auf Hebräisch an, sie winken uns lässig durch. Younis beherrscht beide Sprachen und auch ein wenig Deutsch. Sein Lieblingswort ist *schnell*, das er selbst sehr schnell fünf, sechs Mal mit gespieltem Ernst hintereinander spricht. Der Jordan begleitet unsere beständig nach Süden führende Straße, auf der anderen Seite befindet sich Jordanien, im Rücken der Libanon.

„Du bist Beduine und Muslim, du kennst dich in der Bibel aus?"

„Ich lese die Bibel wie den Koran", sagt er. „Ich liebe beide", und klopft sich gegen die Brust. „Ich habe sechs Kinder und fünfunddreißig Enkel, Brüder und Schwestern, die wiederum Kinder und Kindeskinder haben. Die ganze Familie hat um die hundertfünfzig Mitglieder. Mittlerweile gehören auch Christen dazu."

Das Land ist karg und felsig, die vorherrschende Farbe ein bräunliches Rot, unterbrochen vom gelblichen Grün des Grases, das sich in der Hitze breit über die Hügel zieht, die einander ablösen, so weit der Blick reicht. Mitunter tauchen Olivenbäume auf, Gesträuch, Felder, Plantagen, mannshoch ab und an von Planen überspannt, die für die optimale Wasserversorgung, Beleuchtung und Belüftung sorgen. Wir fahren an Häusern vorbei, von Müll umgeben: Autoreifen stapeln sich auf den Grundstücken, durchgerostete Gestelle, überall leere Plastikflaschen, von Unrat steigen beißende Rauchfäden auf, die die Landschaft vernebeln. Wir müssen das Fenster schließen. Am nächsten Tag werde ich erfahren, warum ganze Dörfer im Abfall versinken.

Younis und ich fahren in die Negev, die keine Sandwüste ist, wie man sie etwa in Teilen von der Sahara her kennt. Es geht gebirgig zu, durch Wind und Wasser geschliffene Felsformationen, bizarre, atemraubende Formen, für die mir jeder Vergleich fehlt. Wir wandern auf Wegen, von denen wir bald abweichen, steigen über Geröll und scharfkantiges Gestein. Younis trägt Sandalen ohne Socken, ich dagegen ärgere mich, keine Wanderstiefel mitgenommen zu haben. Er springt mir voraus, erreicht schnell die Kuppe von Hügeln, lugt, die Augen überschattend, in die Ferne, ist wenige Momente danach neben mir. Muss man auf Schlangen, auf Skorpione achten? Er winkt gelassen ab, sagt stattdessen: „Hier", und kramt Datteln aus den Hosentaschen hervor, die er in Yardenit vom Boden aufgelesen hat. „In der Wüste brauchst du nichts anderes als Datteln, pro zehn Kilogramm Körpergewicht eine für den Tag. Das Einzige, was fehlt, ist Vitamin C." Er bückt sich: „Hier", sagt er wieder und gibt mir den Stängel einer grünen Pflanze, die vom Geschmack her an Sauerampfer erinnert. Einige Blätter davon reichen, um den Tagesbedarf zu decken.

Früher konnten Beduinen mit ihren Herden ohne weiteres

die Grenzen passieren, entweder nach Jordanien hinüber oder Ägypten. Das ist heute unmöglich. Sie haben einen israelischen Pass und müssen im Land bleiben. Außerdem leben die meisten Beduinen nicht mehr in Zelten, sie haben Siedlungen gebaut und gehen arbeiten wie andere auch. Plötzlich bleibt Younis stehen und hält eine Hand ans Ohr. Er ist schon einmal einem Leoparden begegnet, von Wölfen und Hyänen ganz zu schweigen, Antilopen laufen ihm ständig über den Weg. Er nickt und sein Gesicht hellt sich auf, er springt zum nächsten Hügel, winkt, verschwindet im Tal. Als ich herankomme, umringen ihn ein Dutzend schreiende Kamele, er scherzt mit dem jungen Mann, der die Tiere hütet. Natürlich kennt er ihn; es war nicht anders zu erwarten.

„Die Wüste gibt mir Kraft, alles, was ich bin, bin ich durch die Wüste", sagt er, umarmt mich mit der Rechten und schlägt die linke Faust gegen seine Brust. Ganz gleich, welche Sprache dieser Mann gebraucht, er spricht mit dem Herzen.

Dann klingelt sein Handy. Younis singt seiner Frau ins Ohr: meine Wüstenrose, mein Stern des Morgenlandes, dein Schneeleib – ein Meer von Lichtgedanken.

„Meine Frau, sie erwartet uns, wir werden noch vor Sonnenuntergang eintreffen. Ich kann nicht ohne meine Frau sein. Meine Eltern haben mir gesagt, dass ich sie heiraten soll, ich war noch sehr jung. Seitdem sind wir Mann und Frau."

Er hat nie erwähnt, dass ich eingeladen werde. Er musste es sich spontan überlegt haben. Auf der Fahrt erzählt er mir, dass sie alle Chanukka feiern, seine ganze große Beduinenfamilie, das könne man getrost ihr Weihnachtsfest nennen. Im Gegensatz zur Menora hat der Chanukkaleuchter acht Lichter; jeden Tag wird ein Licht mehr angezündet, bis alle acht brennen.

Kaum dass wir angekommen sind, sprüht er über vor Energie, eilt auf ein Enkelkind zu, nimmt es auf den Arm. Gleichzeitig herzt er seine Frau, die traditionell gekleidet ist und sich, als sie mich sieht, ein Tuch über den Kopf wirft. Im Nebengelass backt sie Brot. Der zu dünnen Fladen geformte Teig wird über eine Kuppel geworfen, unter der ein Feuer lodert, in wenigen Sekunden ist das Brot fertig. Der Tisch im Hof ist mit Oliven und Tomaten, Olivenöl, Gewürzen und Hummus gedeckt.

Das frische, duftende Brot, mit dem ich den Hummus wische, schmeckt unvergleichlich. Younis ist stolz darauf, dass alles nicht nur selbst zubereitet wird, sondern auch von seinem Grundstück stammt. Olivenbäume umringen den mit Fliesen ausgelegten, sauber gefegten Hof, hinter den flachen zusammenhängenden Gebäuden befindet sich der Garten, in dem Gemüse angebaut wird, auf der hüfthohen Umfassungsmauer reihen sich Töpfe mit Kräutern und Blumen aneinander. Sogar der Strom wird selbst produziert, die Solarzelle über dem Eingang erzeugt genug für den Fernseher, das Handy, ein, zwei Lampen.

„Sie kommt aus Deutschland", sagt er bedeutungsschwer. Es ist, als würde er mir eine Freude machen wollen, mehr noch: In seiner Stimme liegt unverhohlene Bewunderung für mein Land, auf die ich immer wieder stoße, ganz gleich, wem ich begegne, die mich ratlos macht. Möglicherweise hängt diese Tatsache mit dem beispiellosen wirtschaftlichen Erfolg zusammen und der sozialen Stabilität, die immerhin fünfundsiebzig Jahre lang Bestand hat, weil es so lange keinen Krieg gab. Der letzte scheint hier vergessen zu sein.

Auf einem Tisch in einer großen Wasserschale breitet sich vielarmig eine schwarze Pflanze aus, die sehr dekorativ wirkt. Younis' Frau versteht nicht, was ich wissen will, es ist ihr zu selbstverständlich, als dass man darüber Worte verlieren müsste. Dann ruft sie mir nebenher den Namen zu: *„Hand of Mary"*, Marienhand. Kaum wiederzuerkennen: Es sind Zweige des Steppenrollers, jener runden Pflanze, die vom Wind getrieben in Massen durch die Wüste rollt wie ein Ball. Jeder kennt sie, der einmal einen Western gesehen hat. In Wasser gelegt, saugen die Zweige sofort die Flüssigkeit auf und dienen als Schmuck.

Kinder aus der Nachbarschaft beäugen neugierig den Gast, junge Frauen kämmen sich vor ihren Häusern die langen schwarz glänzenden Haare, kichern und verschwinden scheu in den Eingängen, allerdings ohne die Türen zu schließen. So oft scheinen Fremde nicht hierher zu finden. In den Häusern, die den Eindruck erwecken, entschieden zu klein zu sein für die unzähligen Familienmitglieder, leben viele Generationen miteinander, was in Deutschland kaum noch praktiziert wird. Das Minarett der nahen Moschee im Zentrum des Ortes ist mit grünem Neonlicht angestrahlt, wodurch die Situation etwas Surreales erhält. Ein Lautsprecher verstärkt die Stimme des Muezzins, die über die kleine Siedlung hallt, während Dunkelheit vom Land Besitz ergreift.

Beim Tee, den Younis mit viel Zucker nimmt, sagt er: „Am Heiligen Abend fahre ich nach Bethlehem, ich fahre an dem Tag immer nach Bethlehem. Dann schlafe ich in der Wüste."

29.
WIE ALLEINSTEHENDE FRAUEN LEBEN
Ulrike aus Deutschland

Am nächsten Vormittag setzt er mich am Toten Meer ab, er kehrt zurück, wenn er seinen Besuch hinter sich hat, ein Freund wartet. Ich frage nicht, ich weiß schon, er wohnt irgendwo in der Wüste. Das Meer, das vom Jordan gespeist wird, hat sich mehr als tausend Meter zurückgezogen, ich laufe unter brennender Sonne über scharfkantigen salzigen Grund. Younis gab mir noch mit auf den Weg, dass die Sonne hier unten keinen Sonnenbrand auslöse. Das Tote Meer liegt vierhundert Meter unter dem Meeresspiegel – der tiefste Punkt der Erde. Schon von weitem wundere ich mich über die Schwimmer, die sämtlich bequem auf dem Rücken liegen, manche, das Klischee bedienend, sogar Zeitung lesen. Aber warum pflegt niemand das Brustschwimmen oder Kraulen, das einen aktiv erscheinen lässt und tatsächlich erst voranbringt. Die Antwort erhalte ich sofort, indem mich eine unbekannte, aber stringente Kraft auf den Rücken wirft, wobei mir mit Verve in hoher Konzentration salzhaltiges Wasser in die Augen spritzt. Nicht nur, dass ich plötzlich nichts sehe, die Augen brennen fürchterlich. Der Tumult, den ich mit meinem erschrockenen Aufschrei auslöse, erreicht immerhin, dass ich sämtliche Aufmerksamkeit meiner näheren Umgebung auf mich ziehe.

„Den Zeigefinger sauberlutschen", ruft eine Frauenstimme, „und damit die Augen freireiben. Es dauert eine Weile, aber die Methode ist effektiv."

Ich befolge ihre Anweisungen und merke, dass es funktioniert.

Heftig ruft sie hinterher: „Und der Versuchung widerstehen, die Augen mit Wasser auszuspülen."

Ein guter Ratschlag, denke ich, gerade das hatte ich eben vor.

Dass man Wasser in die Augen bekommt, passiert so oft, teilt sie mir mit, als ich mich bedanke und endlich die Frau sehen kann, die blonde, zum Pferdeschwanz zusammengebundene Haare und dunkelbraune Augen hat, über der Oberlippe zeigt sich ein Leberfleck, der sich bei jedem Wort bewegt; sie ist vielleicht Anfang fünfzig.

„Wenn man das Wasser schluckt, kann man sogar sterben", erklärt sie mit besorgter Miene. Als wir uns beide behutsam ins Wasser legen, auf den Rücken, versteht sich, begreife ich den Sinn des Badens im Toten Meer, es geht um Entschleunigung, man kommt nur planschend und entsprechend betulich voran. Das bloße Liegen im Wasser entlastet den Körper, der Rücken wird wohltuend entspannt. Die Seele baumeln lassen, wie der Berliner sagt – darauf läuft alles hinaus.

Sie erzählt mir auf jene freimütige Art ihre Geschichte, die den anderen einschließt, zu dem man Vertrauen gefasst hat. Manchmal scheinen dazu wenige Minuten zu genügen. Die Frau war vor dreißig Jahren aus Württemberg nach Israel eingewandert, weil sie sich in einen Einheimischen verliebt hatte. Inzwischen hat ihr Mann sie verlassen, es war eine andere Frau im Spiel, eine jüngere. „Der Klassiker", stellt sie fest, eine Formulierung, zu der schon einiger Abstand zum Geschehen nötig ist. Sie könnte gar nicht zurück nach Deutschland, selbst wenn sie es wollte: Ihre Tochter, noch ein Teenager, empfindet sich als Israelin, die nichts mit dem Land ihrer Mutter am Hut hat, aus der Schule könnte sie ihre Tochter auch nicht so ohne weiteres herausnehmen, wer weiß, ob sie in Deutschland zurechtkäme, zumal sie nicht gut Deutsch spricht. Außerdem haben beide Verwandte und Freunde hier. Die Frau fühlt sich hin und her gerissen zwischen den beiden Ländern, allmählich wird ihr Deutschland jedoch fremd. Sie erfährt viel Authentisches von ihren Eltern und ihrer Schwester, die sie manchmal besucht: Die für Migranten offenen Grenzen bereiten ihnen allen Sorgen.

Auf meine Frage, wie man als alleinstehende Frau in Israel lebt, erklärt sie mir, dass es wie in Deutschland sei. „Die Frauen sind sehr selbstbewusst, sie gehen alleine in Clubs, kleiden sich, wie sie wollen, sie verdienen ihr eigenes Geld und entscheiden, wie ihr Leben auszusehen habe."

„Auch hier am Wasser zieht jeder an, was er will", sage ich, „auf Mode scheint man nicht Rücksicht zu nehmen."

„Hauptsache, man hat etwas an", erwidert sie.

„Und Sex", will ich wissen, will es ganz genau wissen und rechne schon damit, eine Abfuhr erteilt zu bekommen, über die ich mich nicht hätte beklagen müssen, „Sex, ohne verheiratet zu sein, ist das üblich?"

Ohne zu zögern, kommt die Antwort: „Für mich natürlich, aber nicht für die Araberinnen."

Ich hebe die Schultern und runzle leicht die Stirn. Doch sie hätte auch ohne diese Geste weitererzählt. „Sie können sich das nicht leisten, obwohl sie es natürlich genauso wollen wie wir. Sie müssen es heimlich machen, irgendwo draußen und im

Dunklen. Es findet sich immer jemand, der sie dafür bestraft, ein Bruder, Sohn, Vater oder ein Nachbar."

„Was soll das heißen: bestrafen?"

„Ganz einfach", sagt sie und führt mit einer blitzschnellen Bewegung ihren rechten Zeigefinger quer über die Kehle. Auf der Haut zeigt sich ein kleiner heller Streifen, der sich allmählich auflöst. Wenn man das Alltagsleben im jüdischen Israel kennenlernt, vergisst man schnell, wie unterschiedlich die Welten sind, die auf engstem Raum aufeinanderprallen: auf der einen Seite der freizügige Westen, dem die Individualität des Einzelnen über alles geht und der dabei ist, seine Traditionen zu lockern, zu denen auch der familiäre Zusammenhalt gehört, vor allem in der jüngeren Generation; auf der anderen Seite geradezu archaisch anmutende Strukturen, in denen ausschließlich der Mann dominiert, dem sich die Frau unterzuordnen hat.

Als hätte sie meine Gedanken gelesen, sagt sie: „Aber auch die jüdischen Frauen sind nicht immer frei, sie sind nicht sicher vor den Zumutungen der Orthodoxen, die für strikte Geschlechtertrennung beispielsweise in Bussen sind. Eine Frau ist neulich vom Busfahrer daran gehindert worden, gemeinsam mit Männern in einen Bus zu steigen, der in einen Vorort von Tel Aviv fuhr. Die strengreligiösen jüdischen Männer wollten nicht neben einer Frau sitzen, außerdem verlangen sie generell, dass Frauen hinten zu sitzen haben als Zeichen der Bescheidenheit. Was natürlich alles gesetzeswidrig ist, die Frau hat den Busfahrer verklagt. Aber die Orthodoxen werden immer stärker und einflussreicher."

„Sie konnte ihn wenigstens verklagen", erwidere ich, „das ist immerhin etwas."

Schließlich erhalte ich die Antwort auf meine Frage, weshalb die palästinensischen Dörfer so offensichtlich von Müll umgeben sind. Die Palästinenser bauen ihre Häuser absichtsvoll nicht fertig, meist verputzen sie die Wände nicht. Solange Häuser nicht fertig sind, muss man keine Grundsteuer zahlen. Aber wer keine Grundsteuer zahlt, wird nicht von der örtlichen Müllabfuhr berücksichtigt. Sie erklärt weiter: „Wir haben von Anfang an verpasst, den Palästinensern unsere westlichen Werte zu vermitteln. Wir hätten ihnen sagen müssen: ‚Ihr gehört von nun an dazu.' Vielleicht war das wirklich nicht ihr Wunsch, weil sie sich gedemütigt fühlten, lieber bei Jordanien bleiben oder selbstständig werden wollten, als zu Israel zu gehören. Doch wir haben nicht einmal den Versuch unternommen, sie zu gewinnen. Wir haben in ihnen nur den Feind gesehen."

„Das war ein Fehler, ja?"

„Der sich nicht korrigieren lassen wird, das ist die Tragik."

Sie atmet tief durch, und während sie mir zulächelt, gesteht sie mir zögernd, dass ihre Mittagspause gleich zu Ende ist. Sie arbeitet als Physiotherapeutin in dem Sanatorium, dem großen weißen Gebäude, mit dem Kopf beschreibt sie die Richtung, sie wollte nur kurz baden gehen, hat sich den Bikini ihrer Tochter gegriffen, aber nun, nun muss sie zurück.

Sie zögert noch ein wenig, reicht mir dann die Hand und eilt zu den Duschen.

30.

YALLAH, YALLAH.

Stachelschweine kann man essen

Am Nachmittag stehen Younis und ich an der vermutlich eigentlichen Taufstelle am Jordan, in Qasr al-Yahud. Die andere, Yardenit in Galiläa, die ich mit Leah bereits gesehen habe, wurde den Touristen lange mit einem gewissen Alleinvertretungsanspruch gezeigt, weil diese hier quasi nicht existierte, zum militärischen Sperrbezirk der israelischen Armee gehörte, davor, vor 1967, war sie als Ort im Westjordanland Teil Jordaniens. Erst vor wenigen Jahren wurde sie der Öffentlichkeit zugänglich gemacht. Die Gebiete beiderseits des Weges dorthin sind mit Drahtverhauen abgetrennt, Schilder verbieten wegen der Minen das Betreten. Terroristen aus Jordanien überqueren den Fluss – und waren damit in Israel, wo sie Anschläge verübten. Der Jordan ist hier wenige Meter breit, in dessen Mitte ein Seil mit kleinen gelben Bojen verläuft, die den Grenzverlauf beschreiben. Die Szenerie wirkt immer noch improvisiert, obwohl eine Baracke mit Informationen, Getränken, Souvenirs aufwartet, obwohl großflächig Treppen aus Holz zum Steg im Wasser hinunterführen, das hier tiefbraun zu stehen scheint. Auf der anderen Flussseite, auf der sich unter einem breiten Schilfdach Gruppen von Menschen versammeln, weht an einem Mast die jordanische Fahne. Manche heben die Hand, um zu winken, ich höre verhalten Grüße herüberschallen. Die

Frauen sind modisch gekleidet, hin und wieder mache ich das Kopftuch der Muslima aus. Einige wenige Schritte durchs flache Wasser, vielleicht fünf, sechs Schwimmstöße und ich wäre drüben, in einem anderen Land. Vielleicht schickte man mich höflich zurück nach Israel oder nähme mich fest und gestattete mir die Erfahrung, die nächste Nacht in einem jordanischen Gefängnis zu verbringen? Oder würde jemand das Feuer auf mich eröffnen, mich vor aller Augen erschießen? Mein Leichnam triebe im Jordan, der langsam blutig werden würde, im Jordan: an genau der Stelle, an der schon Jesus stand und jenes Sakrament empfing, durch das wir Christen werden, die an das ewige Leben glauben.

Younis schüttelt den Kopf: Auf was für Ideen ihr Deutschen kommt.

Für mich, der lange die DDR erlebt hat, sind Grenzen immer eine Herausforderung. Die Mauer schleppe ich mit mir herum, ganz gleich, wo ich bin, und manchmal ist sie gar nicht gefallen. Ich war neun, als ich im Westfernsehen dem Sterben Peter Fechters zusah. Der achtzehnjährige Maurer floh mit einem Freund über die Mauer in der Nähe des Checkpoint Charlie nach Westberlin, der Freund überwand sie, Fechter wurde angeschossen, fiel zurück, wurde aber im Todesstreifen nicht geborgen. Erst da er sich nicht mehr rührte, schaffte ein Soldat ihn fort. Es war Sommer, die Mauer stand schon ein Jahr, ich kam mit dem Fahrrad vom Baden, erhitzt setzte ich mich ins Wohnzimmer, schaltete den Fernseher ein: Mit neun Jahren diese Bilder sehen und wissen, es handelt sich nicht um einen Spielfilm, sondern geschieht wenige Kilometer von meinem Vaterhaus entfernt – was richten sie bei dem Kind an?

Die Einzigen, die hier ins Wasser gehen, sind Täuflinge in

weißen Gewändern, die behutsam unter Gebeten ins heilige Nass eintauchen und ein Kreuzzeichen machen. Nonnen stehen mit Füßen im Wasser und singen leise. Drüben, auf der anderen Seite, wird nicht getauft.

Pünktlich am frühen Abend verschwindet die Sonne in den Sanddünen der Negev, es dauert nicht lange, bis sich jene Kühle einstellt, die spürbar wird. Der Scheinwerfer des Jeeps tastet über die schmale Straße, über die Sand als zarter Schleier weht. Ich hoffe, dass Younis nicht zu schnell fährt und wir damit Gefahr laufen, vom Weg abzukommen und im Sand stecken zu bleiben.

Wir passieren ein einsam stehendes, kaum beleuchtetes Gebäude, das ich erst allmählich in seinen ganzen Dimensionen erfasse, ich für mich mit dem Wort *riesig* zu beschreiben versuche, riesig und gespenstig. Erst auf dem zweiten Blick bemerke ich die hohe Umgrenzungsmauer davor. Ein Gefängnis, erfahre ich, ein Gefängnis mitten in der Wüste für Palästinenser. Es ist überfüllt mit Terroristen und Attentätern, die Anschläge auf sowohl Zivilisten als auch Soldaten und Gebäude verübten. Ihre Haft erweist sich für die Täterfamilie als eine lukrative Einnahmequelle. Die Autonomiebehörde, finanziert von der EU und Israel, zahlt jedem Häftling monatlich fünfhundert Euro, was dem Durchschnittsverdienst im Westjordanland entspricht. Gefangene, die zwanzig Jahre und mehr hinter Gitter müssen, bekommen zweieinhalbtausend Euro. Die monatliche Zahlung an sämtliche Familien von Selbstmordattentätern beträgt insgesamt gar fünf Millionen Euro. Vielleicht werden nicht alle „Märtyrer" diesen Anreiz im Blick haben, aber ein großer Teil gewiss, weil die Familie noch lange davon profitiert.

Schlächter, heißt es in Israel, werden für ihre Taten noch

belohnt. Alle Versuche Israels, diese Zahlungen zu verhindern, sind bisher gescheitert.

Steppenroller kugeln zuhauf durch unsere Scheinwerferkegel, in die plötzlich ein Fremdkörper gerät, ein Stachelschwein, das wir spät erkennen.

„*Yallah, yallah*", ruft Younis, schnell, schnell. Diesen Spruch kennen nicht nur die Araber, die Juden haben ihn längst in ihren Sprachgebrauch übernommen, auch mir ist er vertraut. Sobald ich mit Arabern zusammen bin, löst er unbedingt zustimmende Heiterkeit aus, wenn ich mich, der Fremde, in der Sprache der Einheimischen versuche.

Das Stachelschwein läuft zwischen den torkelnden Reisigbällen vor uns her, Younis bremst nicht wie erwartet, er gibt Gas: *yallah, yallah*. Bevor wir es erreichen können, schlägt es einen Haken, gleich noch einen und flieht behände ins Dunkle.

Younis drischt sich lachend auf den Schenkel. „Ach wie schade, Stachelschweine kann man essen, sie schmecken ausgezeichnet."

Wir fahren immer weiter nach Süden in Richtung des Roten Meers, biegen in die Wüstenstadt Mitzpe Ramon ein, wo ich am nächsten Tag Arthur du Mosch treffen werde. Es ist eine kleine und unverkennbar sehr junge Stadt, in den fünfziger Jahren aus einem Camp für die Bauarbeiter der Straße nach Eilat entstanden. Um diese Uhrzeit ist niemand unterwegs. Die Lampen an den Ketten über den Straßen schaukeln knarrend im Wind, der um die Häuser pfeift.

„Irgendwann sehen wir uns wieder, mein lieber Younis."

„Irgendwann", ruft er aus dem offenen Fenster, bevor er in der Wüstennacht verschwindet. *We will definitely see each other again.*

31.

DER TRAUM VON DER WÜSTE

Arthur du Mosch

Arthur ist eine Berühmtheit, nicht nur in Israel, sondern in einschlägigen Kreisen weltweit. Im Internet kann man noch heute von seiner Tat lesen. Er hat einen Leoparden ganz allein und ohne Hilfsmittel überwältigt. Das ausgehungerte Tier war auf der Suche nach Nahrung in Arthurs Schlafzimmer in seinem Wohnort Midreshet Ben-Gurion aufgetaucht, einer kleinen Ansiedlung, in der der Staatsgründer begraben ist. Wahrscheinlich hatte er es auf die Hauskatze der Familie abgesehen. Kurz entschlossen sprang der Fremdenführer auf den Leoparden und klammerte ihn, der, zwar geschwächt, immerhin noch scharfe Zähne und Krallen hatte. Seine Frau informierte die Naturschutzbehörde, gemeinsam gelang es, die Raubkatze in die Auffangstation zu transportieren. Natürlich nannte man den Leoparden Arthur, später erhielt er den Spitznamen Maschiach, also Messias.

Solchermaßen eingestimmt, sehe ich den Mann auf mich zukommen. Er trägt Cowboyhut, in dem eine Sonnenbrille steckt, sandfarbene Safarikleidung und ein rotes Halstuch. Seine Handschuhe zieht er nicht aus. Das Ziel ist, möglichst viel Haut abzudecken. Wenn man sich wie er täglich in der Wüste aufhält, muss das oberstes Gebot sein.

„*What's the common language?*", fragt er.

„Deutsch? Deutsch ist gut, ich bin Holländer."

„Was hat dich in die Wüste verschlagen, Arthur?", frage ich ihn noch im Hotel.

Er nimmt den Hut ab, wischt sich über die Stirn, seine Haare sind blond und schon etwas grau. „Ich habe mir die Negev früh in den Kopf gesetzt. Aber versorge dich erst einmal mit Wasser, du brauchst mindestens eine Flasche".

Im Geländewagen, der über steinige Wege holpert und uns mit Staub einhüllt, erzählt er mir seine Geschichte.

Als Achtjähriger sieht Arthur mit seiner Mutter in den Niederlanden im Kino den Film *Die Wüste lebt*, jenen Dokumentarfilm aus dem Jahre 1953 der Walt Disney Studios über die Tier- und Pflanzenwelt der Wüstenregion, der ein Welterfolg wurde. Und er überzeugt auch Arthur, der von nun an von der Idee erfüllt ist, in die Wüste zu gehen. 1985 hat er es geschafft, er kommt als Agrarstudent nach Israel. Arthur studiert in der Negev an der Hebräischen Universität die antiken Bewässerungstechniken der Nabatäer, jenes aus Arabien um 550 vor Christus in das Gebiet zwischen Rotem und Totem Meer zugewanderten Wüstenvolks, dessen Hauptstadt Petra im heutigen Jordanien liegt. Sie konnten bereits Wasser nicht einfach nur durch in den Fels gehauene Rinnen transportieren, sondern verwendeten auch Tonrohre. Man nahm lange an, dass niemand außer den Römern dazu fähig gewesen wäre. Die Nabatäer haben im Fels Zisternen angelegt und mit Kanälen untereinander verbunden, die heute noch existieren und funktionstüchtig sind. Beim Studium trifft er seine spätere Ehefrau, mit der er inzwischen vier Kinder hat. „Ich muss ihr manchmal sagen, dass ich des Landes wegen kam und sie erst hier kennenlernte und nicht umgekehrt", sagt er lächelnd. Mehrere Jahre arbeitet er am *Jacob Blaustein Institut für Wüstenforschung*. Er hat sich besonders mit Nubischen Steinböcken und Onager, einer wilden und fast ausgestorbenen syrischen Eselart, beschäftigt, die neben Hyänen, Gazellen, Oryxantilopen und Wildpferden die Negev bevölkern. Anschließend erwirbt er die Touristenführerlizenz. Du Mosch, der neben Deutsch und Holländisch, natürlich auch Englisch und darüber hinaus Hebräisch spricht, bietet Geländewagen- und Pferdetouren, außerdem Wanderungen an.

„An dieser Stelle", unterbricht er sich, „hier überfielen vor einigen Jahren palästinensische Terroristen einen Bus. Sie erschossen alle Insassen, sämtlich Zivilisten, bloß ein Baby überlebte, weil es von den Leichen verdeckt wurde." Später ergänzt er: „In diesem Land herrschte schon immer Unfrieden, aber wenn alle wollen, wenn sie es wirklich wollen, ließe sich friedlich miteinander leben."

Wir erreichen einen riesigen Erosionskrater, den Machtesch Ramon, bei dessen Anblick ich vor Ehrfurcht erstarre. Die Luft ist klar, die Sicht reicht weit: um uns herum hellbraunes Gestein, darüber ein fast schmerzhaft blauer Himmel mit weißen Wolkenstrichen. Durch den beständigen Wind ist es trotz der starken Sonne nicht drückend.

„Man mag den Blick nicht abwenden", sage ich mehr zu mir als zu ihm.

„Dort hinten", stellt Artur fest, „weit hinten ist Kanaan, das Abraham von Gott versprochen wurde: das gelobte Land, in dem Milch und Honig fließen. Moses führte sein Volk aus Ägypten ins gelobte Land, wozu er vierzig Jahre benötigte. Moses selbst sah es nicht mehr."

In der Ferne steigen Rauchwolken auf, erst dann höre ich

den Donner. Das Militär probt, erfahre ich. Ein großer Teil der Negev ist Truppenübungsgelände, sechzig Prozent des israelischen Staatsgebietes besteht ohnehin aus Wüste. Sehr bestimmt fügt er hinzu: „Mein jüngster Sohn ist eben eingezogen worden, drei Jahre sind Pflicht. Frauen müssen zwei Jahre zur Armee."

Wir fahren über extrem steile und holprige Gebirgspässe zu einer Straße in der Wüste, die seit mehr als zweitausend Jahren existiert. Sie führt vom Süden der arabischen Halbinsel bis zum Hafen in Gaza.

„Warum Gaza?", erkundige ich mich.

„Die Stadt besaß den wichtigsten Hafen der Antike in dieser Region, bis König Herodes den Hafen in Caesarea baute."

Durch Kamelkarawanen wurden Weihrauch und Myrrhe von Petra und aus dem fernen Mesopotamien transportiert: im Grunde keine lebensnotwendigen Dinge. Weihrauch opferte man den Göttern oder den Königen, Myrrhe galt als Parfüm, Arznei und als Aphrodisiakum, zudem wurden mit ihr Leichname einbalsamiert. Doch die Waren hatten einen so großen Handelswert, dass die Kaufleute zu Millionären aufstiegen.

Bei der Weiterfahrt öffnen sich vor mir schmale, tiefe Schluchten, die eng und verwinkelt sind, ragen Hänge steil auf. Wie ist es bei Regen?

„Es regnet nicht oft, aber wenn, dann sehr heftig, in der Wüste ertrinken mehr Menschen, als dass sie verdursten."

Er weiß, wovon er spricht, Arthur wird immer dann geholt, sobald Menschen in Gefahr sind. Wer in den Wintermonaten in der Negev unterwegs ist, sollte einen erfahrenen Tourenführer dabeihaben. Es kann Sturzfluten geben, die bei starkem Regen entstehen, der auf Felsen und verkrustete Böden fällt und von Steilhängen hinunter in Wadis abfließt. Dort bilden sich reißende Flüsse, die alles mitnehmen, was sich ihnen in den Weg stellt.

Durch Regen blüht die Natur auf. Arthur träufelt etwas Wasser aus einer Flasche über scheinbar vertrocknete Knospen an einem Busch. Sofort richten sich die Zweige in die Höhe und die Knospen öffnen sich zu kleinen rosa Blüten. Was ich in Filmen über die Wüste für einen Trick oder für Aufnahmen im Zeitraffer gehalten habe, entspricht der Realität.

„Hat es sich gelohnt, den Traum von der Wüste zu verwirklichen?"

„Die Wüste ist meine Heimat geworden", sagt er. „Niemals werde ich weggehen. Ich liebe das Land. Aber das ist es nicht allein. Ich bin Nachfolger Jeshuas, und auch deshalb bin ich hier."

Es gibt keine Kirche für ihn, Nachfolger von Jesus zu sein, ist eine Entscheidung für ihn selbst, kein theologischer Standpunkt, sondern ein Lebenswandel. Nachfolgen bedeutet, sich ganz dicht an Jesus halten und immer in Bewegung sein. Er sei zur einen Hälfte Christ, zur anderen Jude, erklärt er. Ich habe jemanden vor mir, der eins ist mit dem, was er tut, der dafür brennt und durch nichts davon abzubringen ist. Insofern ist Arthur ein glücklicher Mann.

In wenigen Wochen haben wir Weihnachten. Es ist wohltuend, jene Geschäftigkeit, die Deutschland schon jetzt erfasst hat, hier nicht zu finden. Feiert er Weihnachten?

„Auf jeden Fall ohne Weihnachtsbaum." Ein überlegenes Lächeln huscht über sein Gesicht. „Den brauche ich nicht. Meine Frau und ich, wir feiern Chanukka, überhaupt die jüdischen Feste, allen voran das Pessachfest, das an die Flucht aus Ägypten erinnert, zu dem unter anderem Matze gegessen wird, ungesäuertes Brot – ein Symbol dafür, dass die Juden keine Zeit mehr hatten, den Brotteig zu säuern."

Wir erklimmen einen Berg und laufen auf dem Grat entlang auf einen höheren Berg zu. Nichts verstellt den Blick, in meinem Rücken ist Eilat am Roten Meer, dort unten das Jordantal, dahinter Jordanien, zu meiner Linken befindet sich der Sinai, der zu Ägypten gehört, vorn am Mittelmeer der Gazastreifen.

Der Moment ist erhaben in seiner Einzigartigkeit. Der Wind frischt auf, mit einem leisen Ton zieht er über den Sand und trägt ihn mit feinen Verwirbelungen ab, ich schlage den Kragen meiner Jacke hoch.

„Und du", sagt Arthur, „hat dich die Wüste gepackt?"

32.

DEUTSCHES INTERMEZZO UND NEUER ANLAUF

Mein Nachbar Boaz – Boris

Wenn das Tageslicht verblasst, schalten sich in den Gärten automatisch Lichterketten an, die sich über Sträucher, Bäume, Häuserfassaden spannen. Vor den Fenstern erstrahlt der Stern aus Herrnhut – der Stern, der nach Bethlehem weist.

Weihnachten feiere ich mit einem Besuch in meiner kleinen Dorfkirche am Stadtrand, mit sparsam geschmücktem Christbaum und Krippe. Der Schnee hüllt das Land so tief ein, dass sich mir der aufregende Eindruck vermittelt, die Welt stünde still, hielte für einen kurzen Augenblick den Atem an und verharrte in ihrem Tun, als würde sie es hinterfragen – ein Kindheitsgedanke, der bis heute bleibt. Für einige Tage kann ich im nahen Gebirge auf Skiern durch die verschneiten Wälder ziehen – meine beiden Freunde in Israel hatten dieses idyllische Bild vor Augen, wenn sie an Winter in Deutschland dachten. Aber vermittelt nicht die Idylle den nachhaltigsten Eindruck? Was wir bei uns behalten, sind immer die idealisierten Bilder, die vielleicht Ausdruck unserer uneingestandenen Sehnsucht nach einer einfach strukturierten, übersichtlichen Welt sind.

Wenig später löst sich die weiße Pracht auf, um in diesem Winter nie wieder die Bühne zu betreten. Ich vergrabe mich nach den Feiertagen in meine Arbeit am Schreibtisch, die Nachrichten aus Israel verfolge ich indessen aufmerksamer denn je. Im Grunde, stelle ich nicht einmal erstaunt fest, bin ich gar nicht fortgewesen, habe sofort die Plätze vor Augen, um die es bei den Meldungen geht, kenne die Straßen, die Gerüche und Geräusche. Ich ärgere mich über die deutschen Medien, die zum Anfang der Meldung immer die Bombenangriffe auf Gaza bringen, die zugegeben oft unmissverständlich hart ausfallen, die Ursache dafür aber, den Raketenbeschuss der Hamas oder anderer dschihadistischer Gruppen auf zivile Ziele in Israel, mit einem lapidaren Halbsatz an den Schluss platzieren. Zu dem Zeitpunkt hat sich die Meinung des Fernsehzuschauers bereits gebildet: Als Schuldiger bleibt einzig Israel in Erinnerung. Die Artikelüberschriften der Zeitungen fallen oft propagandistisch gegen Israel aus – die Folgen sind antiisraelische Kundgebungen in Berlin, auf denen Fahnen mit dem Davidstern verbrannt werden. Sitzen in den Redaktionen ausschließlich Feinde Israels? Ich wechsele E-Mails mit Yakob und Leah, außerdem mit neuen Gesprächspartnern, die ich beim nächsten Mal treffen will.

Als ich im April endlich wieder im Flugzeug sitze und die Stunden herunterzähle, überrascht mich das unbefangene Umgehen miteinander nicht mehr, ich erwarte es geradezu. Unmittelbar neben mir sitzt ein vielleicht Mittzwanziger mit kurzgeschorenen weißblonden Haaren, obwohl er eigentlich hätte am Fenster sitzen sollen, wie sein Ticket es vorsieht. Aber er besetzt den freien Platz zwischen uns, weil er sich unbedingt unterhalten wollte – eine Geste, die ich mir unter Deutschen kaum denken kann. Versprach dieser Platz uns beiden doch mehr Bequemlichkeit. Wo er herkommt? Er fragt, ob ich mich in Israel auskenne, und als ich, meiner vielleicht zu sehr selbstgewiss, meine, einigermaßen, nennt er den Namen seines Heimatkibbuz. Ich habe keine Ahnung, man kann wohl kaum sämtliche Kibbuzim kennen. Er reagiert aber mit einem breiten, phlegmatischen Grinsen. Damit sind die Verhältnisse zwischen uns geregelt: Ich, der um vieles Ältere, weiß eben doch nicht alles. Er heißt Boaz, auf Russisch Boris, seine Eltern sind noch zu Sowjetzeiten nach Israel ausgewandert. Er sollte zwar einen hebräischen Namen bekommen, von dem aber zu erahnen sein sollte, dass er eine russische Entsprechung besitzt, was nichts anderes als eine Reminiszenz an die eigene Herkunft bedeutet. Boaz hat seinen Armeedienst hinter sich, sein Studium noch vor sich; was er studieren wird, er weiß es nicht. Er war einige Tage in Berlin, um Verwandte zu treffen, die nicht nach Israel, sondern nach Deutschland ausgewandert waren. Aber das war nicht der einzige Grund, man müsse einfach in Berlin gewesen sein, allein der Clubs wegen, was er wieder mit seinem Grinsen kommentiert. Ob ich schon im Berghain gewesen sei. Ich muss heftig auflachen. Natürlich habe ich von dem Technoclub gehört, wer nicht, habe aber dort gewiss nichts verloren. Wieder hat er mir etwas voraus. Zufrieden schläft Boaz irgendwann ein, den Kopf fast auf meiner Schulter bis zur Landung auf Ben Gurion.

Leah hatte mir geschrieben, wie ich mit dem Zug zu fahren hätte vom Flughafen in die Stadt hinein nach Tel Aviv. Die Züge fahren alle dreißig Minuten, das Ticket kostet 13,50 Schekel. Sie würde mich nicht abholen können, Yakob ebenso nicht. Wir träfen uns aber alle irgendwann in den nächsten Tagen. „Wenn es schnell gehen soll, schick mir einfach eine WhatsApp, die ist kostenlos, auch nach außerhalb der EU", hatte sie gemeint.

„Vergiss nicht, im Hotel nach der PIN zu fragen und logge dich sofort ein, dann wird das Gespräch billiger." Ich hörte in Gedanken ihre Stimme: Logge disch ein.

Am Automaten brauche ich einige Augenblicke, um mich zurechtzufinden, ein Reisender mit Kippa, Rucksack und weißem Hemd, das von seinem Bauch kräftig gewölbt wird, drängt mich zur Seite, ohne sich zu entschuldigen. Ich rufe entrüstet: „*What's happening?*"

Er fragt, wo ich hinwill, schnieft heftig beim Eintippen, zieht ein Ticket, das er mir kommentarlos in die Hand drückt. Er hat kein Geld eingezahlt und keins von mir verlangt. Dann ruft er doch noch was, ruft, ohne dass ich eine Regung auf seinem Gesicht bemerkt hätte: „Schalom", bevor er im lärmenden Gedränge des überfüllten Bahnhofs verschwindet. Ich bin noch verdutzt, als ich im Zug Platz nehme: viele junge Leute, ich vermute Studenten, Soldaten, Männer wie Frauen, mit großem Gepäck, eher einen zivilen als militärischen Eindruck erweckend, obwohl die meisten eine Maschinenpistole lässig geschultert oder auf den Oberschenkeln abgelegt haben. Ich sollte in einigen Tagen eine Gruppe von wehrpflichtigen Frauen sehen, die im Gras lümmeln, ihr Gewehr an einen Baum gelehnt, den Ausführungen des Offiziers offensichtlich nicht folgen, sondern vor sich hin dösen und sich mit ihren Fingernägeln beschäftigen. Bei ihrem Anblick kommt mir alles andere in den Sinn als ein Militärdienst für Frauen, die zu entschlossenen Kämpferinnen ausgebildet werden sollen. Michal Zamir, die israelische Schriftstellerin, findet mit ihrem Roman *Das Mädchenschiff* eine treffende Metapher für den Dienst in der Armee: Die Kaserne gleicht einem Schiff, das die Mädchen für zwei Jahre auf ein fremdes Meer entführt. Zum ersten Mal verlassen sie für länger ihren Heimatkibbuz, Langeweile und Ideenlosigkeit bestimmen den Dienst; sie sind einer männlichen Offizierswelt als ständig sexuell verfügbar ausgeliefert. Vergewaltigungen, ungewollte Schwangerschaften und Abtreibungen gehören zum Alltag – Erfahrungen, die sie von nun an für immer begleiten: Auf eine deprimierende Art desillusioniert, werden sie mit zwanzig Jahren von der Armee ins Leben zurückgeworfen. Das 2005 erschienene Buch der 1964 in Tel Aviv geborenen Schriftstellerin löste einen riesigen Skandal aus. Dass das Buch einen Blick in den intimen Bereich der Armee gewährt und sie ganz gewiss nicht als eine moralisch integre Instanz dargestellt wird, ist das eine, dass aber der Vater der Schriftstellerin Zvi Zamir den legendären Auslandsgeheimdienst Mossad führte, und zwar zur Zeit des Münchener Attentats 1972, das andere.

Als ich bemerke, dass der Zug schon Netanja erreicht hat, springe ich auf, ich hätte längst aussteigen müssen. Er fährt weiter nach Norden, nach Naharija, bis kurz vor der Grenze zum Libanon. Ich steige in einem kleinen Flecken aus, von dem es heißt, er sei eine *farmer city*, und muss auf den Gegenzug warten. Bald bin ich fast allein auf dem Bahnhof, von dem eine in der Hitze flirrende Straße ins Zentrum führt, die weite in einer Ebene liegende Felder durchschneidet. Die Luft ist vom satten Licht des Nachmittags erfüllt, das schon die ersten Schatten wirft. Absichtslos in der Provinz gelandet, genieße ich die vermeintliche Gelassenheit, mit der sich das Leben hier gibt, ein Pärchen schlendert händchenhaltend heran, zwei Soldaten hocken rauchend auf Metallsitzen, ihre Gewehre auf den Knien, und schweigen, während sie mich ebenso neugierig wie misstrauisch beäugen.

Ich ziehe am Automaten eine Limonade, sie ist dieses Mal das Erste, was ich kaufe. Natürlich will ich etwas haben, was ich nicht kenne, das Unbekannte besitzt für mich den Reiz, anderenfalls hätte ich Coca-Cola wählen können. Das Etikett informiert ausschließlich auf Hebräisch, offenbar rechnet man hier nicht mit Touristen. Die Limonade ist angenehm kühl und von grünlicher Farbe, ich habe keine Ahnung, wie die weichen Früchte darin heißen.

Ich fahre in die entgegengesetzte Richtung bis Tel Aviv Savidor Central Station, von dort mit dem Stadtbus 42 die Ben-Yehuda Street entlang, steige viel früher aus, um in den dichten Fußgängerverkehr des späten Nachmittags einzutauchen, der mich trägt wie eine Welle auf der langen, herrlich lärmenden Straße. Es ist ein bisschen wie Zurückkommen.

33.
MIT DEM KOFFER AUS AUSCHWITZ ZUM STUDIUM NACH DEUTSCHLAND

Der renommierte Komponist Yuval Shaked

Wir hatten uns in Caesarea verabredet, Yuval Shaked wollte mich vom Bahnhof Pardes Hanna abholen und mit mir zu den archäologischen Stätten fahren, die zum Nationalpark erklärt wurden. Ich freute mich auf die Begegnung mit ihm, den ich bisher nur aus seinen Briefen kannte, außerdem war ich noch nie in Caesarea, um mir den von Herodes vor zweitausend Jahren gebauten Hafen anzusehen oder vielmehr das, was von ihm nach den arabischen Eroberungen übriggeblieben ist. Kurz nach 7 Uhr erreichte mich die Nachricht von Yuval, dass sämtlicher Bahnverkehr durch einen Streik lahmgelegt worden sei. Ein unangekündigter Streik! Wenn ich nicht zu ihm fahren könne, würde er eben mit dem Auto zu mir nach Tel Aviv kommen.

Schließlich treffen wir uns am Nachmittag in einem russischen Restaurant an der HaYarkon Street, gleich um die Ecke von meinem Hotel. Wir begrüßen uns mit einer Umarmung, obwohl wir uns zum ersten Mal sehen, und ohne uns darüber zu verständigen, sind wir sofort beim Du.

Der ebenso agile wie aufgeschlossene Mann mir gegenüber

mit der blaugeränderten Brille und dem Gelassenheit ausstrahlenden Brillenband, der Soljanka bestellt wie ich, ist einer der herausragendsten Komponisten Israels.

Er hat Musik zunächst in Tel Aviv studiert. Aber Israel war 1981 tiefste Provinz, man musste ins Ausland, um auf dem neuesten Stand zu sein. Die meisten seiner Mitstudenten gingen nach Amerika. Aber er nimmt prinzipiell nie den Weg, den viele andere wählen. Eine sympathische Haltung, die vielleicht nicht immer die einfachste ist! Für ihn gab es drei Optionen: einmal Paris, um sich dort mit elektronischer Musik zu beschäftigen, mit *musique concrète*, zum anderen Frankfurt oder Köln. Köln war durch den WDR das Zentrum für Neue Musik in Europa, außerdem lehrte der damals schon legendäre Mauricio Kagel an der Musikhochschule, den Yuval Shaked bereits vom Festival für Neue Musik in Israel kannte, das eine aus Deutschland stammende Jüdin ins Leben gerufen hatte und das es leider heute nicht mehr gibt. Recha Freier, eine Dichterin, die in den 1930er Jahren in Berlin lebte und mehr als siebentausend jüdischen Jugendlichen das Leben rettete, indem sie ihnen nicht immer legal Ein- und Ausreisepapiere beschaffte. 1940 wurde sie denunziert, ihr aber gelang die Flucht ins britische Mandatsgebiet. Yuval entschied sich für Köln, Mauricio Kagel wurde sein Lehrer.

Yuval wurde 1955 im fünfundzwanzig Kilometer südlich von Tel Aviv entfernten Kibbuz Gezer geboren, der damals an der Grünen Linie, an der Grenze zwischen Israel und Jordanien, lag. Er hat noch heute lebhafte Erinnerungen an den Sechstagekrieg, an furchterregende Bomber, die über ihn hinwegdonnerten, als er auf dem Weg zur Schule war, an nachts verdunkelte Häuser.

Kurz vor dem Krieg wurde Familienrat abgehalten. Es ging darum, sich ein Auto anzuschaffen, wobei der stimmberechtigte zwölfjährige Yuval für ein deutsches Auto plädierte. Nach langem Hin und Her schaffte sich die Familie einen *NSU Prinz 1000* an. Natürlich war es ein Problem, in Israel ein deutsches Auto zu fahren: Man schrieb das Jahr 1967. Sieben Jahre davor wurden überhaupt erst diplomatische Beziehungen aufgenommen, dann kamen die Wiedergutmachungszahlungen, der Handel zwischen den Ländern begann Mitte der sechziger Jahre, das Land blühte auf, die Leute sehnten sich nach so etwas wie Normalität. Das neu erworbene Auto wurde allerdings schon bald darauf vom Militär für den Krieg requiriert, weil man dringend Transportmittel benötigte. Es kam zur großen Erleichterung der Familie funktionstüchtig zurück.

„Mein Vater stammt aus Wien, seine Eltern haben ihn und den Bruder kurz vor dem *Anschluss* 1938 hinausgeschickt", erzählt Yuval. Er ging nach Schweden, kam in ein Dorf in der Nähe von Stockholm, wo jüdische Jugendliche eine landwirtschaftliche Ausbildung erhielten, um später in den Kibbuzim arbeiten zu können. Er hieß Siegfried, änderte den Namen, weil er entgegen seiner Ausbildung Schuldirektor wurde, er nannte sich fortan Schlomo. Yuvals Mutter Judith, die aus der Nähe von Brünn stammt, hieß ursprünglich Zdenka Stiasna. In der Familie wurde unter den Erwachsenen Deutsch gesprochen, etwa wenn die Eltern sich stritten, damit die Kinder nicht verstehen, was sie nicht verstehen sollten. Aber die deutsche Sprache war tabu wie die deutsche Kultur. Natürlich war der *NSU Prinz 1000* auch ein Tabubruch wie Yuvals Studium in Köln.

Als er zurück nach Israel kam, lernte er seine zweite Frau

kennen, die in einem Kibbuz im Norden lebte. Er hatte vergessen, was Kibbuzim waren. Im Speisesaal diskutierten die Mitglieder, ob man sich privat einen Whirlpool zulegen darf oder nicht. Luxus war verpönt, alle Kibbuzmitglieder hatten gleich viel zu verdienen nach dem Motto: Jeder leistet, so viel er kann, und er bekommt so viel, wie er braucht. Diese Maxime entsprach in etwa dem, was in der DDR theoretisch unter Kommunismus zu verstehen war, aber nie praktiziert werden konnte. In Israel, in den Kibbuzim indessen schien es Realität gewesen zu sein. Als sein Vater von einem Verwandten aus den USA ein Transistorradio geschenkt bekam, wurde es im Speisesaal aufgestellt. Warum sollte einer allein ein Radio besitzen dürfen? Es hat allen zu gehören.

Das Kulturleben Israels wurde zum großen Teil von den Einwanderern aus Mitteleuropa gestaltet, die es so haben wollten, wie sie es kannten. Sie gründeten 1936 die Israelische Philharmonie, die damals noch Palästinensisches Symphonisches Orchester hieß. Die Interessenten warteten geduldig, bis jemand ausschied, um das Abonnement kaufen zu können. In den Siebzigern kam Leonard Bernstein in jedem Jahr nach Israel und brachte immer eine andere Mahler-Symphonie mit. Herma Alina, die angeheiratete Tante seiner Mutter, hatte ein Abonnement für die Philharmonie, sie ging zu jedem Konzert mit ihrer Freundin, mit Frau Semmel. „Frau Semmel und Frau Alina!", sagt Yuval lächelnd mit selbstironischem Ton. „Frau Semmel wusste von den Nazis, dass die Musik von Mahler banal ist und auch noch entartet. Ich verdanke meine musikalische Erziehung Frau Semmel und den Nazis, ohne Frau Semmel hätte ich Mahler nicht kennengelernt." Die Philharmonie spielte das gleiche Programm zwölfmal im Jahr vor jeweils dreitausend Abonnenten. Das Orchester fuhr zudem nach Haifa und Jerusalem. Heute dagegen spielt es das gleiche Programm höchstens dreimal und vor nicht ausverkauftem Haus. Es hat sich vieles seit den Anfangsjahren verändert. Zum einen starben die Gründungsväter aus, zum anderen passiert das Gleiche wie häufig in Europa: Die Anzahl der Konzertbesucher geht zurück. Die gegenwärtige Situation stellt sich ihm ernüchternd dar: „Das Programm der Philharmonie ist sehr traditionell. Es gibt keine Neue Musik, die andere wird schlecht gespielt. Die Programme entbehren jeglicher Konzeption."

Yuval ist zwar Komponist, aber auch Professor für Musik an der Universität in Haifa. Sechzig bis siebzig Prozent seiner Studenten sind Araber: Christen, Muslime, Drusen, manchmal Tscherkessen, die Anzahl der Muslime steigt, die der Christen sinkt. Die Mönche und Nonnen geben seit den 1930er Jahren den Arabern professionell Klavierunterricht. Im Moment komponiert Yuval ein Orchesterstück für den ORF und für das Radio in Israel, was eher die Ausnahme ist. Er komponiert am häufigsten Kammermusik, auch Musiktheater und schreibt Musik für Hörspiele. Der Komponist kann nicht leben, ohne gleichzeitig Hochschullehrer zu sein. „Freischaffende Komponisten sind vielleicht freischaffend, aber frei sind sie nicht. Man müsste ständig mindestens drei Aufträge bekommen, was nicht möglich ist", stellt er desillusionierend fest und nimmt einen kräftigen Schluck Wasser. Als ich bestimmt erkläre, dass ich nachher bezahlen werde, er mein Gast sei, schließlich sei er meinetwegen extra nach Tel Aviv gefahren, nickt er vielsagend, um sogleich weiter zu erzählen. „Aber es tut sich etwas, in den achtziger Jahren wurde ein Sender für ernste Musik gegründet, immerhin! Es gibt ein Rundfunkorchester, das lediglich spielt, der Sender vergibt keine Aufträge. Er schneidet bei Veranstaltungen mit, produziert aber nicht selbst."

Yuvals Stücke werden mehr in Deutschland gespielt als in Israel, worüber er glücklich ist. Ich staune nicht schlecht, aber der Grund leuchtet schnell ein: In Deutschland spielen phantastische Musiker seine Stücke, deshalb hat er nicht den Drang, in Israel zu arbeiten. Hierzulande wird vor dem Auftritt viel weniger geprobt. Die Philharmonie würde nie ein Stück von ihm spielen, aber wenn, dann würde er so wenige Proben bekommen, dass es keinen Sinn macht. Die Philharmonie wird vom Staat subventioniert unter der Bedingung, dass pro Jahr ein Stück eines israelischen Komponisten gespielt wird. Ansonsten sucht sie sich populäre Musikstücke aus. Man spielt das, was die Abonnenten mögen; wenn sie etwas nicht mögen, klatschen sie nicht, unter Umständen erneuern sie sogar das Abonnement nicht – es kommen also sofort wirtschaftliche Aspekte zum Tragen. In allen Bereichen setzt sich das marktwirtschaftliche Denken durch.

Yuval lebte nach seinem Studium wieder mehrere Monate in Deutschland, hatte ein Aufenthaltsstipendium, ist oft zu Tagungen dort, eben war er in Darmstadt, demnächst wird er in Weimar sein. An die Übersiedlung nach Deutschland hat er dennoch nicht gedacht. Die Situation ist komplex, er würde gern eine längere Zeit im Ausland leben und arbeiten, aber er hat vier Kinder, drei Enkelkinder und noch seine vierundneunzigjährige Mutter. Er liebt Israel, obwohl ihm das Land das Leben schwer macht. „Wenn es jemals eine Generation gegeben hat, die gewusst hätte, wie man es hätte besser machen können – dann war es die Generation meiner Eltern. Sie hätte es damals wissen müssen, damit dass Land nicht kaputtgehen kann."

Er hält die Politik der letzten Jahre für verhängnisvoll, nicht, dass alles falsch gewesen wäre, das gewiss nicht, aber die Stimmung im Land ist schlecht. Die Auffassung der Regierung von Demokratie, der schmutzige Wahlkampf von Gantz, Netanjahu und Lieberman, die Ignoranz gegenüber den Palästinensern – das alles ist ihm kritikwürdig. Israel ist so stark, dass man großzügiger mit seinen Nachbarn umgehen sollte. Viele Israelis verlassen das Land, auch weil der Wohlstand im Ausland reizt, vor allem jedoch, weil sie ein ruhigeres Leben suchen. Er sagt: „Die Raketen aus Gaza sind eine Bedrohung, doch gefährlicher ist die innerisraelische Spannung, die das Land zu zerreißen droht."

„Aber wird Israel nicht wieder geeint, gerade wenn der Druck von außen ansteigt?", frage ich.

Die Antwort kommt sofort und ultimativ, als hätte er auf diese Frage gewartet: „Einen zweiten Holocaust lassen wir alle nicht zu."

Yuvals Eltern meinten, die Beschäftigung mit Musik könne kein Beruf sein, aber sie versuchten nicht, ihn umzustimmen, im Gegenteil, sie unterstützten ihn, auch als er im Sommer 1981 einen Koffer brauchte. Heute würde man einfach einen kaufen, doch damals wurde, wenn es sich als sinnvoll erwies, von der Substanz gelebt. Seine Mutter riet ihm, Tante Herma Alina aufzusuchen, die zu diesem Zeitpunkt schon bettlägerig war. Sie sagte: Geh in die Kammer neben der Küche, da gibt es einen Koffer. Er war in einer selbstgenähten Stoffhülle eingepackt, damit er nicht verstaubt. Zu Hause ließ sich seine Mutter den Koffer zeigen und wurde blass, auf dem Deckel stand mit weißer Schablonenschrift: HANDWERKSZEUG. Die Geschichte des Koffers ist die Geschichte der Familie, die in Prag lebte und eine Fabrik für Füllfederhalter betrieb – eine Geschichte, die unbedingt erzählt werden muss, bevor sie in Vergessenheit gerät. Irgendwann gibt es niemanden mehr, der sie erzählen kann, und vielleicht auch niemanden mehr, der sie versteht. Es war der Koffer des Sohnes von Herma Alina, den er 1943 mit nach Theresienstadt nehmen konnte, wohin ebenso Vater und Mutter deportiert wurden. Herma Alina kam mit diesem Koffer anschließend nach Auschwitz-Birkenau. Sie überlebte die Hölle und nahm ausgerechnet ihn mit nach Israel, den sie all die Jahre aufgehoben hat, und überlässt ihn dem Neffen, als er nach Deutschland aufbricht, um dort zu studieren. Ihr Ehemann und ihr Sohn wurden nach Dachau deportiert, dort ermordet. Sie hat in Israel noch einmal geheiratet. Von den Verwandten ihres neuen Mannes haben die meisten nicht überlebt, sie kamen in Theresienstadt oder Auschwitz um. „Eine typisch israelisch-jüdische Geschichte", stellt Yuval nüchtern fest und gießt sich Wasser nach. „Das Verhältnis zu Deutschland hat sich indes massiv verändert. Das historisch belastete Thema kommt nicht einmal mehr in den Gesprächen auf."

Als ich die Kellnerin heranwinke, stolz auf mein Schulrussisch, zeigt sie sich nicht im Geringsten beeindruckt, sondern wendet sich Yuval zu, der souverän die Rechnung fordert und aus seinen vielen Kreditkarten die passende auswählt.

„Aber das nächste Mal, in Deutschland bezahle ich."

34.

DIE ANDERE SEITE DER STADT

Sobald man den falschen
Ausgang wählt

Als ich nachts von einem Ausflug mit dem Zug zurück am Tel Aviver Bahnhof Savidor Central Station ankomme, will ich schnell zum Busbahnhof, glaube auch den Weg zu kennen, blindlings, wie ich schon meine, schließlich bin ich ihn ein paarmal gegangen, wähle aber in dem großen Gebäude prompt den falschen Ausgang. Der Rückweg ist durch eine Schranke versperrt, die sich nur hebt, wenn ich erneut ein Ticket löse. Unvermittelt befinde ich mich auf einer Brücke an einer stark befahrenen, mehrspurigen Straße, auf der ich mich nicht auskenne, die zwei, drei Passanten, die mit mir gingen, sind fort, verschluckt von der Nacht. Unter der Brücke tost ein gewaltiger Verkehr, auf den Spuren in eine Richtung jedoch stehen die Autos im Stau, kilometerlang, bis zum Horizont. Zum ersten Mal nehme ich die Hochhäuser wahr, die mich im Dunklen überwältigen, deren Formensprache mir auf faszinierende Art fremd ist, es sind keine Klötzer wie in heimischen Landen, sondern phantasievolle, turmartige Gestalten, jede entschieden anders als die andere, die den Betrachter begleiten. Israel ist klein, die Bodenpreise sind in Tel Aviv exorbitant, man muss in die Höhe bauen. Aber entscheidend ist immerhin, wie man baut.

Eine junge Frau, die ich bisher nicht bemerkt habe, lehnt mit dem Rücken gegen das Geländer, sie ist mit ihrem Smartphone beschäftigt, trägt Jeans und einen weiten Pullover. Natürlich kann sie helfen, sagt sie, mustert mich kurz, ihr Blick wandert danach wieder auf ihr Smartphone. Sie hält es vor sich her, während sie läuft, ich kann ihr schwer folgen. Die Straße, in die wir abbiegen, ist nur selten befahren und nicht beleuchtet, lediglich der Schein entfernter Laternen und aus eben den Hochhäusern bringt ein wenig Licht in die Dunkelheit. Schweiß tritt mir auf die Stirn, ich merke erst jetzt, wie warm die Nacht ist, in die wir eintauchen, immer weiter an Bretterwänden mit Werbeplakaten, an schrundigen, übermannshohen Betonplatten vorbei, über aufgerissenen, dicken Asphalt, in Gassen, die kein Ende nehmen wollen. Allmählich steigt Skepsis in mir auf, was, wenn mich die Frau, zu der ich nun endlich aufgeschlossen habe, in Gegenden führt, die kaum abgelegener als hier sein können, sich längst mit ihren Kumpanen verständigt hat, die mir auflauern. Kriminalität, hatte ich gelesen, sei vor allem dort groß, wo russische Einwanderer die Mehrheit bildeten, wusste ich Leah zu berichten, die erwiderte, sie sei im Allgemeinen ebenso groß wie in Deutschland, weder mehr noch weniger, und hänge gewiss nicht von einer bestimmten Einwanderungsgruppe ab.

„Wir glauben auch nicht alles, was in der Zeitung steht", sagte sie.

Ich teile der Frau an meiner Seite betrübt mit, dass der Weg gar kein Ende nehmen wolle.

Ja, das verstehe sie ebenfalls nicht, erwidert sie.

Ich weiß nicht, ob ich ihr vertrauen soll. Steckt ein teuflischer Plan hinter ihrer Freundlichkeit? Einen Zufall halte ich beinahe für ausgeschlossen. Gleich danach haben wir eine Baustelle erreicht, hinter ausgebeultem Maschendrahtzaun ragen Kräne auf, Bagger, riesige Lkws.

„Oh, das tut mir leid. Wir haben uns verlaufen", sagt sie mit betroffenem Gesicht. Jetzt schellen bei mir endgültig alle Alarmglocken, ich sehe mich um, erwarte jeden Augenblick, überfallen zu werden, aus dem dunkelsten Schatten einer Ecke wird augenblicklich jemand treten. Warum musste ich so arglos sein? Hatte ich wirklich keine andere Wahl?

„Wie weiter?", wage ich atemlos zu fragen. „Vielleicht suche ich selbst nach dem Busbahnhof", fällt mir ein. „Vielen Dank, liebe –, wie heißen Sie?", schicke ich hinterher und handele sofort, indem ich kehrtmache und auf die Gasse zurücklaufen will.

„Niemals", ruft sie, und ihre Stimme schwankt zwischen Befehl und Hilflosigkeit. „Hören Sie doch, ich kann Sie hier wirklich nicht allein lassen. Rachel, ich heiße Rachel."

Sie vermittelt nun den aufrichtigen Eindruck, neuen Mut gefasst zu haben, läuft los, wie ihr Smartphone den Weg vorgibt. Bald erreichen wir belebtere, aber schlecht beleuchtete Straßenzüge, Afrikaner bestimmen die Szenerie, sie eilen mit Plastikbeuteln umher, hocken an Feuern, essen und werfen Holz in die Flammen, auf den Wegen häuft sich Unrat.

„Das sind Illegale", sagt Rachel, indem sie flüchtig auf die Männer zeigt.

„Wie können sie hierher kommen?"

„Auf dem Landweg, über den Sinai. Es sind ungefähr vierzigtausend im Land. Aber jetzt haben wir einen Zaun gebaut."

Lieferwagen fahren vor, aus denen immer mehr Afrikaner springen, die auf einer Brachfläche verschwinden, in deren Hintergrund ich Verschläge ausmache. In diese Gegend zieht es keine Touristen, sie zeigt die andere Seite der glitzernden Metropole, die ein unbeschwertes Leben suggeriert, in dem Schönheit und Körperkult die einzigen Sorgen sind. Wo es Licht gibt, gibt es aber auch Schatten.

„Was geschieht mit ihnen?", will ich wissen. „Können Sie bleiben?"

„Sie werden nach und nach abgeschoben, entweder nach Afrika oder in andere Länder. Man hat ihnen Geld angeboten, dass sie freiwillig zurückgehen."

Wir durchschreiten eine Passage, die nur aus Brettern besteht: der Boden und die Wände, es riecht nach Harz. Hier, in dieser undurchsichtigen Situation, mitten in Tel Aviv, denke ich an meinen märkischen Kiefernwald, an das Meer aus Pilzen, durch das ich als Schüler in der sogenannten vormilitärischen Ausbildung robben musste. Die Lehrer, die für kurze Zeit Offiziere geworden waren, schrien mich wegen meiner langen Haare an, die für Opposition standen, für ein anderes Leben als das, was in diesem Land für uns vorgesehen war. Ich rief zurück, dass sie mich gefälligst nicht anschreien sollten. Dieser Satz war ungeheuerlich wie die kurze Stille danach, in der ich mir schrecklich einsam vorkam, bevor das Geschrei erst recht losbrach.

Ich laufe weiter über den schwingenden Grund, von dem es hohl aufhallt. In der Ferne mache ich meinen Sehnsuchtsort aus, den weitläufigen, asphaltierten Platz, von hellen Lampen erleuchtet, den Busbahnhof. Wo sind ihre Freunde, die mich überfallen wollen? Haben sie den geeigneten Zeitpunkt verpasst?

„Ab jetzt komme ich allein klar", stelle ich erleichtert fest.

„Vielen Dank, Rachel, auf Wiedersehen."

„Nein, nein", erwidert sie sehr bestimmt, „meine Aufgabe besteht darin, Sie exakt zu ihrem Bus zu bringen".

Sie sagte wirklich *my task*. Wie kommt sie dazu? Wenn mir zuvor bange war, bin ich jetzt zutiefst gerührt. Sie opfert ihre Zeit, um dem Ausländer, von dem sie nichts, aber auch nichts zu erwarten hat, behilflich zu sein.

Soll sie mich begleiten, schaden kann es nicht, wir sind immerhin die Einzigen, die von dieser Seite auf den Platz zulaufen, und es dauert, ehe wir ins Helle kommen. Dort, wo schon einige Mitreisende angelangt sind, kann ich sie dann überreden, nicht mit mir auf den Bus zu warten, obwohl sie mich mit einem skeptischen Blick bedenkt, bevor er wieder geschäftig auf das Display ihres Smartphones wandert und sie sich nebenbei von mir verabschiedet.

35.

IM JUDÄISCHEN BERGLAND

Shay Zeltzer: die Verlockungen des Ziegenkäses

Yakob holt mich am Morgen ab, wir sollten einen Ausflug unternehmen, hat er mit aufgeräumter Stimme am Telefon gesagt. Er hat sich endlich gemeldet, zum ersten Mal, seit ich wieder hier bin, will aber nicht einfach in meinem Hotel vorbeischauen, um sich zu unterhalten oder mit mir baden zu gehen, sondern mich mit einem Mann bekannt machen, der als Geheimtipp gehandelt wird. Ich frage ungeduldig nach, aber er sagt schmunzelnd: „Nein, nein, lass dich überraschen, du kommst nicht drauf." Es ist, als hätten wir uns gestern zuletzt gesehen und in Wirklichkeit nicht vor vielen Monaten.

Wir fahren über den Highway 1, den ich längst kenne, es herrscht dichter Verkehr, wir verlassen ihn weit vor Jerusalem, biegen ab und befinden uns unmittelbar danach in den Ausläufern des Berges Eitan, der immerhin knapp achthundert Meter aufragt. Zedern und Pinien, Laubbäume, hin und wieder Zypressen wachsen auf dem Boden aus Kalkstein, bilden einen lichten, sonnendurchfluteten Wald, ganz anders als die heimischen Gebirgswälder, in denen dunkle Fichten dominieren. Je steiler unser Weg wird, desto schmaler gestaltet er sich, von dem Geröll polternd den Abhang herabstürzt. Obwohl Yakob behutsam fährt, schlingert der Wagen, ich muss das Fenster öffnen und tief durchatmen, ich bin sicher, dass sich mein Gesicht grün färbt.

Die Farm ist nicht leicht zu finden, man könnte sich durchaus verfahren, gäbe es nicht winzige, an Baumstämme genagelte Schilder, die einen Ziegenkopf zeigen und uns bestätigen, auf dem richtigen Weg zu sein, der von nun an in kühnen Serpentinen hinunterführt, wobei der Wagen in bedrohliche Schräglagen gerät, die mich aufstöhnen lassen.

Shay Zeltzer ist ein hochaufgeschossener hagerer Mann von vielleicht Mitte siebzig. Er empfängt uns im Tal, trägt Brille und einen langen, sehr langen weißen Bart; Tunika und die aus einem Tuch gewundene Kopfbedeckung sind ebenfalls weiß. Er nickt mir zu, reicht mir die Hand, während Yakob mich vorstellt: „*A German writer.*" Es ist nichts Besonderes für ihn, weder dass ein Schriftsteller ihn besucht noch dass der aus Deutschland kommt. Er vermittelt mir das Gefühl, hier aufgehoben zu sein, ich muss nichts erklären: Ich bin einfach ein Besuch, in Begleitung von Yakob.

Sofort befinden wir uns im Gespräch über die Ziegen, als wären sie die Hauptpersonen, was sie ja bei Lichte betrachtet auch sind: kurzhaarig, braun bis beige und mit sehr langen Ohren, die beim Laufen den Boden zu berühren scheinen. Schon von fern habe ich sie gehört, und mir ist klar gewesen, dass es nicht wenige sein können. Shay erzählt mir, dass er ungefähr zweihundert Tiere besitzt, die durch das Tal streifen, fressen und gemolken werden wollen. Ein Vatertier der anglo-nubischen Zangabi-Ziegen-Rasse wurde vor vielen Jahren aus Virginia hierher gebracht, das mit Ziegen syrischer Herkunft gepaart wurde, wodurch die erste Generation entstand, die später mit einem Damaskusbock aus Zypern weiterentwickelt wurde. Das Resultat ist eine Ziege, die an diesen bergigen Lebensraum bestens angepasst ist, dabei hochwertige, fettreiche Milch liefert – bestens geeignet für Käse.

Die Tiere ernähren sich vor allem von dem, was sie in diesem Tal vorfinden und ihnen offenbar guttut, Gräser, Kräuter, Laub. Ziegen sind wählerisch, sie fressen nicht alles, was man ihnen vorsetzt. In der Nähe befinden sich nach dem Dorf Sataff benannte Quellen, die immer frisches Wasser liefern, was offenbar für die große Herde ausreicht.

Wir setzen uns an einen unter einem Baum aufgebauten Tisch, über die rot-weiß karierte Tischdecke sind Schalen mit sowohl getrockneten als auch frischen Tomaten, mit schwarzen Oliven und natürlich Käse verteilt. Shay, ursprünglich Botaniker, zog in dieses Gebirge, weil er die Ruhe und Abgeschiedenheit genießen wollte. Er gilt nicht nur als Legende, was den Ziegenkäse anbelangt, der ihm auch im Ausland Anerkennung in Form von Preisen verschafft hat, außerdem ist er Jurymitglied bei internationalen Käseausstellungen, Mitglied der italienischen Käseakademie, zudem Slow-Food-Aktivist, der Gegenbewegung des globalisierten und uniformen Fast Food – sondern er gilt ebenfalls als Einsiedler. Wenngleich Shay tatsächlich allein lebt, so ist er dennoch mit der ganzen Welt verbunden: Das Internet macht's möglich. Allerdings hofft er, dass sein in den USA lebender Sohn, der Physik studiert hat, nach Israel zurückkommt, um ihm zur Seite zu stehen. Ziegenkäse hat in den letzten Jahren eine enorme Popularität erlangt, überall, auch in Europa, ist die Nachfrage derart gestiegen, dass man offenbar gut davon leben kann, zumal Shay nicht wenig produziert. Da für gläubige Juden die Vermischung von Fleisch und Milchprodukten als nicht koscher gilt, wurde Käse vor allem am Freitagmittag beliebt als die leichte, milchige Mahlzeit vor dem üppigeren fleischigen Freitagabend, dem Auftakt zum Sabbat.

Shays Käse werden allerdings lediglich in einigen israelischen Spitzenrestaurants angeboten, von Feinschmeckern geschätzt und von Profiköchen verarbeitet, ansonsten sucht man vergeblich nach ihnen. Es wird im Grunde kein Marketing betrieben, wie auch auf die Farm nicht gerade offensiv hingewiesen wird, eher im Gegenteil. Wer diesen Käse haben möchte, von dem das Land zu schwärmen scheint, muss sich hierher bemühen und in Kauf nehmen, sich zu verfahren. Was ist das für ein Mann, der etwas produziert, das begehrt ist, es aber kaum vertreibt, was für ein Mann, der ein Eremitendasein gewählt hat und sich geradezu versteckt.

Er gründete 1974 die Farm, seit den 1980er Jahren produziert er Käse, aber auch Joghurt, den im Nahen Osten weit verbreiteten Laban, den man als weiße Insel in einem Meer aus Olivenöl reichen kann. Vorerst bekomme ich nur die in den Hang getriebenen Ställe und Nebengebäude aus Holz zu sehen, was tatsächlich einen unspektakulären Eindruck macht. Alles wirkt auf sympathische Weise improvisiert und vom ökologischen Gedanken getragen, das verwendete Holz sowohl für Einfassungen als auch Absperrungen für die Tiere sind entrindete Äste, die mit Stricken aneinandergebunden werden.

„Um diesen Käse hier zu konservieren", sagt er und deutet auf eine Schale, „legt man ihn in salziges Wasser. Diese Art der Zubereitung stammt aus dem Osten Europas, aus Palästina, ebenso ist sie in Nordafrika verbreitet. Er wird Salzwasserkäse genannt, was der bulgarische Weg ist, den Namen kennst du wahrscheinlich, jedenfalls entsteht ein sehr eindrucksvoller Käse." Shay hebelt darauf, ohne aufzublicken, mit geschmeidiger Bewegung Scheiben von einem Käselaib ab, dessen beigefarbener Grundkorpus von schwarzen Adern durchzogen ist, er gibt mir entschlossen zu verstehen: „Jetzt werden wir diesen probieren, es ist ein Marmor. Weil wir bei der Herstellung an die medizinische Wirkung denken, geben wir Kohle hinein, Holzkohle gegen all das Gift, das wir im Körper haben, und wir haben viel davon im Körper. Die Kohle nimmt alles heraus."

Wir drei greifen zu: er entschlossen routiniert, Yakob und ich zögerlich. „Wie ist dieser Käse für dich?" Mit vollem Mund wiederholt er, fällt dabei ins Hebräische, um sich gleich darauf auf das Englische zu besinnen: „Was denkst du über den Käse? Gefällt er dir?"

„Ja, schon", sage ich, bin aber erschrocken und hoffe, dass man es mir nicht anmerkt. „Er schmeckt streng, und er ist, ja, er ist hart", füge ich vorsichtig hinzu.

„Er ist vier Jahre alt", erwidert er stolz, „ein Vierjahreskäse." Shay betont jedes der drei Worte: „Vier-Jahres-Käse."

„Damit kannst du jemanden totschlagen", versucht Yakob einen Scherz. Ich hätte nicht gewagt, es auszusprechen, obwohl er wahrscheinlich recht hat. Aber die beiden sind Freunde.

„Du kannst damit ein Haus bauen", geht Shay darauf ein und lacht.

„Wahrscheinlich ist das deine Nebentätigkeit", provoziert Yakob weiter.

„Warum nicht", sagt er zu mir gewandt. „Das Haus ist ein wichtiges Symbol für uns wie in unserer Sprache." Im Hebräischen heißt Haus *Beth*, es ist der zweite Buchstabe im Alphabet, ein Konsonant, der sich aus der stilisierten Darstellung des

Grundrisses eines Hauses herleitet. *Beth* bedeutet auch die Umhüllung eines Menschen, seine äußere Begrenzung. Während er erzählt, dass *Beth* die erste Silbe im Wort Bethlehem bildet, was *Haus des Brotes* bedeutet, greift er zu einem weiteren Käse. „Bei diesem haben die Ziegen viel Mandellaub gefressen – im Herbst ein willkommenes Futter. Er weist einen hohen Fettanteil auf, der wichtig für unsere Haut ist. Und was sagt der Käse dir?"

„Der ist wirklich gut, sehr aromatisch", stelle ich fest.

Er gießt uns Ziegenmilch ein, ein Geschmack, der ebenso wie der Geruch ist: streng, zugleich leicht süßlich. Glücklicherweise ist die Milch gekühlt. Shay greift ungesäumt nach dem nächsten Käse, einem Weichkäse, den er mir vors Gesicht hält, direkt an die Nase. Ich muss wohl ratlos ausschauen, jedenfalls kommt er meinen Mutmaßungen zuvor: „Er riecht nach Grappa und Muskat; den lassen wir hier, heben ihn uns für nachher auf. Wir sollten hineingehen."

Hinter einer von mir bisher unbeachteten Tür öffnet sich eine durch Neonröhren hell erleuchtete mit Glasschränken angefüllte Höhle, die tief in den Fels hineingetrieben wurde und aus der Zeit des Zweiten Tempels stammen soll. Die Kühlaggregate halten die für jeden Käse gewünschte Temperatur konstant, um ihn optimal reifen lassen zu können. Ich bin beeindruckt, diese moderne Ausstattung hätte ich nicht erwartet. Aber natürlich gibt es in dieser Einöde elektrischen Strom, wie sonst sollte er seinen Computer betreiben, wie die Melkanlage; er wird wohl kaum per Hand zweihundert Ziegen melken wollen.

Trotz der technischen Möglichkeiten, die unsere Zeit bietet, wird der Käse Stück für Stück mit der Hand in diesem Tal in der Nähe der Ziegen erzeugt, wo sie fressen und Milch geben. Er kann den Geruch der Ziegen ebenso dieser Gebirgslandschaft annehmen, um zu dem zu werden, zu dem er werden soll. „Der Käse muss mit der Erde verbunden sein, nicht mit der Industrie", so Shays Philosophie. Der Mann greift unterdessen nach einer Flasche Rotwein. Es ist ein *Barbarossa* aus Spanien, die Rebe hat ihren Ursprung in Italien, vor allem in der Emilia-Romagna. Der *Rotbart* ist eine Bezeichnung für Farbe und Beschaffenheit der Rebe, er passt bestens zu diesem Käse.

Beim Essen frage ich ihn, ob er sich nicht manchmal ungeschützt fühle hier draußen, allein mit seinen Tieren und nicht zu vergessen dem wertvollen Inhalt der Kühlschränke in der Höhle. Seine Hunde werden ihm kaum helfen können, die nächste Ortschaft ist weit entfernt, Beistand sei wohl von niemandem zu erwarten.

„In dieser Schlucht wird Landwirtschaft seit vielen Tausend Jahren betrieben. Niemand wird mich daran hindern, weiterzumachen. Wovor sollte ich mich fürchten?", lautet die entwaffnende Antwort. „Mir ist noch nie etwas passiert."

Kurz vor Beendigung des Buches erhalte ich die Nachricht, dass Shay Zeltzer gestorben ist; einzig der Tod konnte ihm etwas anhaben. Sein Traum indes hatte sich erfüllt, sein Sohn war tatsächlich zurückgekommen und arbeitete mit seiner Frau bei ihm, sie übernahmen den Verkauf und halfen bei Verkostungen und kulinarischen Veranstaltungen. Shay Zeltzer, der freundliche, generöse Mann, war am Schluss eine Institution geworden. Er starb im Oktober 2020.

36.

TATJANA, TANJA, TANJUSCHKA

Russland in Tel Aviv

Die meisten der Hotelgäste reisen aus Russland an, sie verlangen geradezu leidenschaftlich nach der Rezeptionistin, nach Tanja, der jungen hübschen Frau, die zwar als Teenager eingewandert ist, aber immer noch bestens Russisch spricht. Die Rezeptionistin arbeitet schnell und zuverlässig, mehr noch: Sie hat eine Ausstrahlung, die jeden beeindruckt. Da die Gäste weder Englisch noch Ivrit beherrschen, ist Tanja die wichtigste Ansprechpartnerin. Sie umringen lärmend den Empfang, alle reden gleichzeitig auf Tanja ein, die Russen stürmischer als die Israelis. Ich habe keine Chance, zu Tanja vorzudringen, um etwas mit ihr zu klären.

Die Touristen rufen sie Tanjuschka, dem liebevollen Kosenamen von Tatjana, besonders die Frauen, oft etwas korpulent, stark geschminkt, mit rotgefärbten Haaren. Sie erinnern mich an die Offiziersfrauen in Dresden, die sowohl nach Knoblauch als auch Maiglöckchenparfüm rochen (eine umwerfende Melange!) und mit der am Morgen vollgestopften Straßenbahn von den Kasernen ins Stadtzentrum fuhren. Sie erwarteten, dass man ihnen den Vortritt ließ sowie mit größter Selbstverständlichkeit einen Sitz anbot. Wenn die Touristinnen Tanjuschka rufen, so zärtlich der Name auch ist, hat es doch etwas

Forderndes wie das Auftreten der Offiziersfrauen in der Straßenbahn.

Nachts, wenn ich von Ausflügen zurückkomme, setze ich mich zu ihr hinter die Theke, damit sie während ihrer Schicht munter bleibt. Ich erzähle ihr, dass ich mich in Jerusalem in der Nähe des Damaskustors in ein Scherut, ein arabisches Sammeltaxi, gesetzt habe, das preiswerter als die Linienbusse ist, zudem sich an keinen Fahrplan zu halten hat. Schnell waren die Plätze besetzt, um mich herum Araber, die nach Tel Aviv wollten oder in kleinere Orte auf dem Weg dorthin. Neben mir saß ein erschöpfter junger Mann, ein Arbeiter, der auf dem Weg nach Hause war. Er trug trotz der Wärme eine Lederjacke, die Ärmel aufgekrempelt, sowie verschlissene Jeans. Der Mann kramte aus der Jackentasche eine unverpackte Wurst und begann, heftig hineinzubeißen. Als er meinen Blick bemerkte, streckte er sie mir augenblicklich entgegen. Die Geste war eindeutig, er würde mit mir teilen.

Für einen Augenblick glaubte ich, er meinte es ernst damit, wahrscheinlich stand mir der Mund offen – bis er mich mit einem schallenden Gelächter erlöste. Der Schalk steckte ihm noch in den Augen, während er ausstieg, mir dabei auf die Schulter hieb.

Tanja bedauert es, aber sie hat keine arabischen Freunde, eigentlich hat sie gar keinen Freund, keinen festen Freund, sie bringt wegen ihrer Arbeit die Zeit dafür nicht auf, außerdem wohnt sie noch bei den Eltern. Tanja wollte nicht nach Israel auswandern, ihre Freundinnen blieben in Sankt Petersburg zurück, einer Stadt, die ihresgleichen sucht, aber natürlich musste sie mit, die Eltern ertrugen die Schikanen nicht mehr, denen sie als Juden ausgesetzt waren. Tanja bereut es nicht, sie kann jeden

Tag an den Strand gehen, hat einen sicheren Job in diesem allemal sehr schlichten Hotel, das ebenfalls von eingewanderten Russen betrieben wird, aber einen italienischen Namen verpasst bekommen hat, wahrscheinlich wegen der Italiensehnsucht vieler Touristen. Sie pfeift durch die Zähne – der reinste Spott, als ich ihr gestehe, genau deshalb dieses Haus gebucht zu haben: Wie konnte ich nur auf den Namen hereinfallen. „Dabei bin ich ja in diesem Hotel beinahe in Russland gelandet", sage ich weit nach Mitternacht zum Abschied, worüber sie impulsiv den Kopf schüttelt und mir anvertraut: „Was mir am meisten fehlt, ist ein richtiger Winter, wie ich ihn in Sankt Petersburg hatte: Die Newa ist zugefroren, man kann auf den Kanälen Schlittschuh laufen, die verschneiten Paläste und Parks sehen in der schimmernden Beleuchtung aus wie im Märchen." Sie holt tief Luft, um hinzuzufügen: „Und dazu das Schneegestöber."

Als ich in meinem Zimmer liege, schlafe ich mit russischen Stimmen von nebenan ein.

Für den nächsten Abend, der vorerst mein letzter in Israel sein wird, haben sich Yakob und Leah angekündigt. Isch freue misch auf disch, so Leah mit ihrer markanten Aussprache am Telefon.

Ich küsse sie zur Begrüßung, dreimal auf die Wangen: links, rechts, links, die mit ihren dunklen Augen lächelt; Leah trägt ein rotes, längeres Sommerkleid. Wir haken uns alle gegenseitig unter, mich nehmen sie in die Mitte – so überqueren wir rennend die stark befahrene Strandstraße. Auf dem Radweg tauchen flitzende Elektroroller auf, denen auszuweichen, alle Aufmerksamkeit erfordert. Obwohl es längst dunkel ist, höre ich das dumpfe Klacken des Matkot-Spiels, die Leidenschaft kennt keine Tageszeit, man sucht sich beleuchtete Plätze, spielt bis in den Schlaf hinein, dabei den leichten Wind genießend, der die Hitze des Tages verweht.

Wir lassen uns in den Sand fallen. „*Lechaim*", rufe ich beim Anstoßen als Erster, wir trinken Rotwein, den sie mitgebracht haben.

„Und weiter", meint Yakob, „das war ein guter Anfang, nun mach weiter!"

„Ich weiß, ich sollte endlich Hebräisch lernen, mehr als diese zehn Worte, die man zu beherrschen hat, wenn man in ein anderes Land reist, um höflich sein zu können: Von *schalom* und *boga tov* über *slekhah* bis zu *ken* und *lo* – damit aber kann man kein Gespräch führen."

Bei einem Frühstück in einem der noblen Hotels unmittelbar am Strand mit Blick aufs Meer, in dem ich bei früheren Reisen wohnte, hatte ich meinen Platz verlassen, um mir erneut etwas vom Büffet zu holen, was sich über einen riesigen Saal hinweg mit Speisen erstreckte. Mein Tisch wurde bereits von übereifrigen Helferinnen beräumt und mit frischem Geschirr versehen. Ich ging auf sie zu, raunte belustigt: „*Toda, toda raba*", ohne zu wissen, woher sie kamen, ob es Araberinnen oder Jüdinnen waren. Sie trugen uniforme Kittel, waren zierliche, unscheinbare Frauen, ohne Schmuck, ihre Haut zeigte sich leicht getönt. Ich wollte mich nur bedanken, das Erstaunen in ihren Gesichtern erschien mir grenzenlos, als hätten sie so eine Geste noch nie erfahren, erwartet hatten sie die keinesfalls. Ihr *bevakascha* klang so zaghaft, dass es wie eine Frage erschien. Meine zwei Worte öffneten sie zwar, doch zu mehr reichte mein Hebräisch nicht.

„Es ist die älteste Sprache der Welt, die noch gesprochen wird, mein Lieber", sagt Yakob bestimmt.

„Vielleicht habt ihr genau deshalb so ein erfrischendes Selbstbewusstsein, weil euer Verhältnis zur eigenen Geschichte ungebrochen ist. Nach zweitausend Jahren Diaspora gibt es wieder einen Staat Israel, einen demokratischen dazu, umgeben von Ländern, die in Bürgerkriegen zerfallen. Jeder von euch, wenn ich das richtig verstanden habe, denkt: Nie wieder wird dieser Flecken Erde aufgegeben, niemand bringt uns vom biblischen Land fort."

„Ganz recht, dieser Gedanke eint uns", sagt Yakob, „so unterschiedlicher Ansicht wir in allen Fragen auch sind."

Ich nicke, trinke einen Schluck Wein und erzähle eine Episode.

„In Ostjerusalem beobachtete ich, wie ein orthodoxer Jude eine Stiege Erdbeeren kaufte. Er verlangte, dass einige Beeren ersetzt werden, einige hinzukommen sollten; es dauerte, bis er zufrieden war, dann verhandelte er mit dem Araber über den Preis. Der Orthodoxe, ein junger, hochaufgeschossener Mann, war in ständiger Bewegung und unter jener Körperanspannung, die verriet, dass er einem freudigen Ereignis entgegensah, gewiss wartete die Familie auf ihn, seine Schläfenlocken schaukelten, seine Hände kommentierten die fordernden Worte. Ich war erstaunt, dass er sich in seinem schwarzen Anzug auf die Stufen des vielbegangenen Weges setzte. Sie einigten sich nach kurzem Wortwechsel über den Preis, der Käufer verschwand mit der Stiege unterm Arm im Getümmel. Obwohl er sich voller Respekt dem arabischen Händler gegenüber gezeigt hatte wie umgekehrt auch, strahlte er einen unglaublichen Stolz aus."

„Du solltest Orthodoxe nicht mit uns vergleichen. Außerdem, wenn du Hebräisch könntest", so Yakob, „hättest du verstanden, was sie sagten, dein Bild wäre vielleicht revidiert worden und –"

„Ach was", unterbricht ihn Leah laut, „es lohnt sich nur, Ivrit zu lernen, wenn du wieder herkommst, immer wieder."

Ihr Satz, in dem eine Frage steckt, die sie nicht stellt, hallt in das Rauschen des Meeres hinein, in dem sich die Lichter der Stadt wiederfinden und einen glitzernden bewegten Streifen bilden.

Wir schlendern an den Häusern der Strandstraße entlang, ohne dass wir uns zu einem Abschied entschließen können. Eigentlich hatten wir uns schon verabschiedet, wollten es nur noch nicht zugeben. Aus einer offenen Tür schallt Rockmusik heraus, langgezogene Klänge einer elektrischen Gitarre, ich höre Schlagzeug, Bass, ein, tatsächlich ein Saxophon. Ehe sie mich zurückhalten können, bin ich schon über die Treppe in den durch wenige Scheinwerfer erleuchteten Raum eingetaucht, wo ich mich neben der Bühne aufbaue, die nicht höher als einen halben Meter ist. Zögernd folgen mir die beiden, raunen energisch, dass es keine öffentliche Veranstaltung sei, sondern nichts anderes als eine interne Probe, wir also besser zu verschwinden hätten, und zwar sofort, bevor wir verscheucht werden. Leah blickt streng, während sie nach meinem Ärmel greift, um mich sanft zum Aufbruch zu bewegen. Ich zucke mit den Schultern: Na und, sollen sie uns vor die Tür setzen, mich stört das nicht. Die Band beschäftigt sich gar nicht mit uns, sie beginnt erneut zu spielen, einen rockigen Blues, vielleicht ein Titel von ihnen. Ich umfasse Leahs Taille und ziehe sie so dicht an mich heran, dass ich ihren Körper spüre. Sie friert in dem dünnen Kleid, sie zittert, die Gänsehaut auf ihren Armen ist nicht zu übersehen. Leah kann sich nicht so recht mit dieser Situation anfreunden, lässt aber bald alle Bedenken fahren. Wahrscheinlich bin ich nur deshalb hereingelaufen, ich bin ganz sicher, um noch einmal mit ihr tanzen zu können, wir drehen uns, drehen uns immer weiter.

Yakob lehnt sich gegen die Theke, einen Ellbogen lässig gegen die Platte gestützt, er schmunzelt über mich, über den Freund, den Deutschen.

37.

VON MARSA ALAM DURCHS ROTE MEER NACH KANAAN

Ramses II und die Nähe zu Moses

Im Februar, als ich einige Tage im Erzgebirge Ski laufen will, aber, da partout kein Schnee fällt, mich für etwas ganz anderes entscheide, für Ägypten, und diese Reise alles in allem auch noch viel, sehr viel billiger sein würde (was widersinnig, geradezu pervers ist), Anfang Februar also, rufe ich im Bundesgesundheitsministerium in Berlin an. Man hat wegen der in China ausgebrochenen neuartigen Lungenerkrankung Covid-19 eine Hotline eingerichtet. Ich erkundige mich, ob es Bedenken gäbe, meine Reise anzutreten. Die freundliche Dame am Telefon wiegelt ab, in Ägypten sei bisher kein einziger Fall aufgetreten, sie gebe völlige Entwarnung. Und auf den Flughäfen, in den Flugzeugen und überhaupt?, will ich wissen. Ich habe durchaus recht, lautet die Antwort, man müsse achtgeben, sich nicht mit dem Grippevirus anzustecken, diese Gefahr sei selbstverständlich wie immer in dieser Jahreszeit gegeben. „Genießen Sie Ihren Urlaub", sagt die Stimme, Optimismus verbreitend.

Von meinem Badeort in Ägypten aus ist das Ufer auf der gegenüberliegenden Seite des Roten Meeres zu erahnen, das zu Saudi-Arabien gehört, etwas nördlicher die Spitze der Sinai-Halbinsel mit Scharm El-Scheich, von der östlich der schmale

Golf von Akaba abgeht, an dessen Ende Eilat liegt, die israelische Hafenstadt, begrenzt auf der einen Seite von Jordanien, auf der anderen von Ägypten, die jeweiligen Grenzen dort tatsächlich in Sichtweite. In Eilat stieg ich vor einiger Zeit im November ins überraschend kühle Wasser, um zu schnorcheln und mit Delphinen zu schwimmen, wie es auf dem Plakat am Eingang der Anlage hieß: *Swimming with the dolphins*. Gleich nach den ersten Metern hinaus fiel der Meeresgrund dramatisch ab, so dass mir, den Kopf unter Wasser, angetan mit Schnorchel, Taucherbrille und Schwimmflossen, beklommen zumute wurde. Ich machte Schiffwracks aus, Stahltrossen, verrostete Träger, zwischen denen Fische hindurchzogen, es war bald so tief, dass ich nicht mal mehr den Meeresboden erkennen konnte. Die überraschend von hinten heranjagenden Delphine hatten nichts mit denen à la Flipper gemein. Sie waren viel länger und massiger und, so erfuhr ich zuvor, halbwild, weil sie durch Öffnungen im Zaun in die offene See hinauskonnten, doch oftmals verletzt von Schiffsschrauben traumatisiert zurückkehrten. Der Trainer, ein ebenso forscher wie stämmiger Pole, bedeutete mir sehr eindringlich mit entsetztem Gesicht, das ich hinter seiner Taucherbrille zu erkennen meinte, meine weit abgespreizten Arme an den Körper zu ziehen: Die Tiere schnappten offenbar manchmal danach. So erschrocken ich war, so froh war ich wiederum über die Instruktion und entwickelte augenblicklich eine dankbare Zuneigung zu ihm. Der Neoprenanzug schützte nur unzureichend, ich zitterte und atmete erst dann auf, als ich unter der warmen Dusche stand. Später fand ich ihn im Kreis der anderen Trainer, ich drückte ihm gerührt die Hand, er wusste nicht, womit er es verdient hatte.

Ich begreife erst an einer mit Palmblättern überdachten Bar am Strand, dass ich nicht zufällig Ägypten gewählt habe, als stünde der Plan dahinter, von hier aus eine Außensicht auf Israel zu erhalten, freilich ohne das Land zu sehen. Nicht weit von Theben suche ich im kargen, völlig unprätentiös gestalteten Tal der Könige das Grab des Pharaos Ramses II. auf, in das man auf einer schrägen Ebene hinabsteigen, in ein Labyrinth eintauchen muss, das den Besucher mit von Mosaiken und Reliefs reich verzierten Wänden empfängt. Ramses II. wuchs, so die biblische Geschichte, mit Moses auf, der als Säugling im Schilf des Nils ausgesetzt und von der badenden Tochter des Pharaos gerettet worden war, die ihn als Sohn annahm. Die Israeliten wurden im wohlhabenden Ägypten, um 1300 vor Christus eine Großmacht, die im Osten bis nach Syrien, im Süden bis weit in den Sudan hineinreichte, als Sklaven behandelt. Wenn Moses mit seinem Volk flieht, flieht er auch vor Ramses II.

Es gibt nicht viele Orte, an denen man Moses so nah sein kann wie neben diesem Pharao.

Einige Tage, nachdem ich aus Ägypten zurückgekommen bin, breitet sich die profane Erkenntnis aus, dass Landesgrenzen den tödlichen Virus nicht aufhalten, der eben erst von der WHO den Namen SARS-CoV-2 erhalten hat. (Der erste Deutsche, der an dieser Krankheit stirbt, hat sich Anfang März in Ägypten angesteckt.) Kurze Zeit danach werden in Deutschland Kontakt- und Ausgangsbeschränkungen beschlossen, die bis in den Sommer hinein anhalten. Es ist mir bald klar, dass demnächst keine erneute Reise nach Israel möglich sein wird, ich Yakob und Leah nicht wiedersehen kann. Ich verschiebe die Reise schweren Herzens in den Oktober, verabrede mich mit Gabriele Zander, der Pfarrerin in Jerusalem, und bin mir da schon unsicher, ob es dazu kommen wird. Als sich Deutschland zum zweiten Lockdown entschließt, den man zwar als Light-Version führt, aber dennoch dazu auffordert, auf Reisen in Risikogebiete zu verzichten, finde ich meine Befürchtungen bestätigt, zumal Israel allen Einreisenden zunächst eine zweiwöchige Quarantäne verordnet. Doch wenn man sich nicht sehen kann, kann man wenigstens miteinander telefonieren.

38.

MEIN ZUHAUSE IST, WO ICH BIN. JETZT BIN ICH IN JERUSALEM.

Ein Telefongespräch mit
Gabriele Zander

Sie schrieb mir in ihrer vorbereitenden E-Mail, wir können über Festnetz, per WhatsApp oder Skype miteinander sprechen. Ich entschied mich für das Festnetz, suchte mir eine Vorwahlnummer, um preiswert telefonieren zu können, und wartete auf die vereinbarte Uhrzeit.

Als ich schließlich wähle, teilt mir ein Automat mit, dass die Vorwahl nicht für meinen Anbieter gilt, ich probiere andere Vorwahlnummern – ebenfalls erfolglos. Da mir die Zeit davonläuft, wähle ich kurzerhand die Handynummer in der Annahme, über WhatsApp zu telefonieren. Augenblicklich höre ich die Stimme von Gabriele Zander, ich spüre, sie schüttelt belustigt den Kopf: „Nein, das ist nicht richtig. Legen Sie auf, ich rufe zurück." Ihre Stimme ist hell, warm und quicklebendig; sie ist, wie ich bald feststelle, gewohnt zu erzählen. Nach wenigen Sekunden können wir miteinander sprechen, ohne an ein Zählgerät denken zu müssen.

„Wie geht es Ihnen in Corona-Zeiten?", frage ich zum Auftakt.

„Corona ist auch in Israel das alles beherrschende Thema, in den Medien, in der Wirtschaft wie im privaten Raum. Ich verfolge die deutschen Nachrichten, die *Tagesschau*, ebenso wie ich täglich *Haaretz* lese. Die zweite Corona-Welle ist hier bereits im Abschwellen, die Infektionszahlen gehen deutlich zurück, die Schulen werden jahrgangsweise wieder geöffnet, ebenso wie die Strände und Naturschutzgebiete. Das sind Schritte in Richtung Normalität, aber die Cafés und Restaurants bleiben weiterhin geschlossen wie alle Geschäfte, sofern sie keine Lebensmittel verkaufen. Gottesdienste können stattfinden, jedoch nur mit zehn Gläubigen, der Minjan (Mindestanzahl von Teilnehmern beim jüdischen Gebet). Außerdem ist die Arbeitslosigkeit wegen Corona sehr hoch, sie beträgt etwa eine Million."

„Eine beachtliche Zahl bei neun Millionen Einwohnern", ergänze ich.

Nach kurzer Pause fährt sie fort: „Man muss bedenken, die israelische Gesellschaft ist separierter als die deutsche, der größte Teil der Bevölkerung hält sich an die vorgeschriebenen Regeln der Maskenpflicht und des Mindestabstands, aber viele der Ultraorthodoxen verweigern sich, weshalb sie auch hohe Infektionszahlen aufweisen. Das Problem ist, man braucht sie, um regierungsfähig sein zu können, und lässt sie in einem gewissen Maße gewähren. Auch die arabische Bevölkerung ignoriert oft die Regeln: in Israel wie in der Westbank. Die großen Hochzeiten, die nun mal zur Lebensfreude gehören, sind wahrscheinlich mitverantwortlich für die zweite Welle."

Israel gehörte zu den „Musterschülern" weltweit. Da die erste, heftige Welle im Frühjahr bald gemeistert wurde, was vielleicht gelang, weil man gewohnt ist, diszipliniert zu sein, galt Israel als Vorbild für viele andere Länder. Benjamin Netanjahu forderte die Menschen auf, wieder nach draußen zu gehen, das Leben zu genießen und ein Bier zu trinken, was sehr gern befolgt wurde. Endlich schien man wieder frei, der Virus bekämpft zu sein. Möglicherweise jedoch geschah die Öffnung zu früh und waren die Menschen zu sorglos. „Die Demonstrationen", sagt Gabriele Zander, „halten nach wie vor an, die sich vor dem Haus von Netanjahu in der Balfour Street in Jerusalem abspielen, auch nach den neuen Regeln, nach denen man seine eigene Wohnung nur im Umkreis von einem Kilometer verlassen darf, es sei denn, das nächste Lebensmittelgeschäft oder die Apotheke ist weiter entfernt. Die Demonstrationen, die mitunter alles andere als friedfertig verlaufen, richten sich gegen das Corona-Management der Regierung, ebenso gegen den Premierminister selbst, der einem Gerichtsverfahren wegen Amtsmissbrauch und Korruption entgegensieht. Oft wird sein Rücktritt verlangt."

„Solidarität, wächst das Land in dieser Zeit zusammen?", will ich wissen, „oder dividiert es sich auseinander, indem eine Gruppe der anderen mit Schuldzuweisungen begegnet."

Sie antwortet, ohne zu zögern: „Unbedingt, Senioren werden privat mit Lebensmitteln versorgt, es gibt Lieferdienste und Nachbarschaftshilfe. Vor allem arbeiten die palästinensische Autonomiebehörde und die israelische Regierung erfreulicherweise gut zusammen. Die WHO hebt diese Kooperation ausdrücklich hervor."

Und wie geht es ihr selbst? „Seit März kommen keine Pilger und Touristen mehr", erklärt sie, nicht frei von Resignation. „Unsere Volontäre und Volontärinnen wurden von ihren Entsendeorganisationen nach Deutschland zurückgeholt, neue Volontäre dürfen bis jetzt nicht einreisen." Ein Teil ihrer Aufgaben als Pfarrerin der evangelischen Himmelfahrtskirche besteht darin, die Besucher vom Pilger- und Begegnungszentrum auf dem Ölberg, zu dem ein Café gehört, das jetzt natürlich geschlossen sein muss, zum Gespräch zu empfangen, ihnen Begegnungen zu vermitteln als auch Gottesdienste der deutschsprachigen evangelischen Gemeinde zu halten. Es gibt drei evangelische Gemeinden: die englischsprachige, die palästinensische sowie eben die deutschsprachige, die ungefähr einhundert Mitglieder hat. Es gibt zudem evangelische Schweden und Finnen in Jerusalem, die jeweils ihre eigenen Institute haben.

Neben der Himmelfahrtskirche, die auf dem höchsten Punkt Jerusalems steht, befindet sich das Auguste-Viktoria-Hospital, beide Gebäudeteile entstanden auf Geheiß des deutschen Kaisers Wilhelm II. und wurden 1910 eingeweiht. Im Hospital werden Palästinenser behandelt, die aus der Westbank und Gaza kommen, auch die Ärzte und Pfleger sind Palästinenser. Die ebenfalls evangelische Erlöserkirche in der Altstadt wurde vom Kaiser anlässlich seiner Palästinareise 1898 selbst eingeweiht.

Gabriele Zander ist Mitte fünfzig, geboren in Kaufbeuren, aufgewachsen bei Rüsselsheim. Ich stutze, meine doch, in ihrer prinzipiell hochdeutschen Aussprache einen heimatlichen Zungenschlag zu vernehmen – und irre mich nicht, ihre Eltern stammen aus Berlin, sie selbst hat dort jedoch nie gelebt. 1986 war sie schon einmal als Studentin in Jerusalem, an die erste Intifada dachte noch niemand, ihre Eltern mussten keine Angst um sie haben. Hebräisch lernte sie in Deutschland, anschließend natürlich in Israel. Nach dem Studium kam sie als Vikarin des Programms *Studium in Israel* zurück, nach einigen Jahren in Darmstadt in der Evangelischen Studierendengemeinde lebt sie seit 2015 erneut in Jerusalem. Ihr Mann ist

Professor für Judaistik, er lehrt in Halle an der Martin-Luther-Universität. Sie beide sind im Führen einer Fernbeziehung geübt.

Als sie hier begann, trübten Messerattacken die Atmosphäre der Stadt: Palästinensische Jugendliche bedrohten Wachleute ebenso wie Zivilisten. Es gab Tote und Verletzte, meistens bezahlten auch die Attentäter selbst mit ihrem Leben. Erfreulicherweise zeigt sich heute ein anderes, ein friedlicheres Bild, wenngleich die Atmosphäre in dieser Stadt immer ein wenig aufgeheizt ist. Vor kurzem wurde ein autistischer palästinensischer Junge von einem Wachmann erschossen. Sein Tod beschäftigt Israel noch heute. Der Junge lief auf den Wachmann zu, der ihn als gefährlich einstufte. Der Mann soll demnächst vor Gericht gestellt werden.

Gabriele Zander ist vor fünf Jahren angetreten, zwischen Israelis und Palästinensern zu vermitteln, immerhin setzte sie sich jahrelang in evangelischen Arbeitskreisen ebenso für das christlich-jüdische Gespräch als auch den islamisch-christlichen Dialog ein. Die Fronten scheinen oftmals verhärtet; der Konflikt geht um Land und Häuser, was von Deutschland aus nicht immer so wahrgenommen wird. Silwan beispielsweise ist ein überwiegend von Palästinensern bewohnter Stadtteil, im Grunde ein Dorf in dem von Israel annektierten Osten Jerusalems gegenüber der Davidstadt. Nachdem es 1948 unter jordanische Besatzung fiel, flohen die jüdischen Bewohner, jetzt, nach über siebzig Jahren, werden Klagen gegen die dort eingezogenen Palästinenser vor allem von der siedlernahen Stiftung Elad mit dem Ziel angestrengt, diese Häuser zu räumen, was zu erheblicher Unruhe unter der arabischen Bevölkerung beiträgt genauso wie der in Silwan geplante Neubau vieler Wohnungen für Israelis – ein Verstoß gegen das Völkerrecht, jedoch erlaubt nach israelischem Recht. Südwestlich von Bethlehem lebt der christliche Palästinenser Daoud Nassar, der ein vierzig Hektar großes Landstück besitzt, das am Patriarchenweg liegt, der in biblischer Zeit die kürzeste Verkehrsverbindung zwischen Jerusalem und Hebron war. Auf dem Land, das sein Großvater vor hundert Jahren erwarb, hat er das private Friedensprojekt *Tent of Nations* (Zelt der Völker) aufgebaut: eine Begegnungs- und Freizeitstätte für junge Leute aus aller Welt, vor allem Palästinenser. Sie arrangieren sich mit den kargen Lebensumständen, allen voran mit dem Wassermangel, kümmern sich um Tiere, pflanzen Bäume: Oliven, Feigen, Mandeln, Weinstöcke. Die freiwilligen Helfer werden in Höhlen untergebracht, in denen Daoud Nassar noch selbst als Kind gelebt hat. Von allen Seiten wachsen israelische Siedlungen sehr nah an sein Grundstück heran, während er dagegen nicht einmal eine Genehmigung für die Errichtung von Hütten erhält. „Wir weigern uns, Feinde zu sein", steht versöhnlich in mehreren Sprachen, darunter auf Deutsch, auf dem Grenzstein. Es kommen viele Formen der Solidarisierung von Israelis mit Palästinensern vor. So gibt es immer wieder Israelis, auch jüdische Amerikaner, die Daoud Nassar auf seinem Grundstück helfen. „Es ist erfreulich zu beobachten, dass nicht der Hass, sondern die Verständigung unter den Menschen das Leben bestimmen kann", sagt Frau Zander.

Aber das Gegenteil muss man leider ebenfalls erleben: So wurden auf Daoud Nassars Grundstück schon Bäume durch Siedler gerodet. Manchmal werden israelische Siedlungen auf den Wegen errichtet, die palästinensische Bauern seit Jahrzehnten benutzen, um zu ihren Feldern zu gelangen. Wenn

Felder nicht bestellt werden, so das Gesetz, werden die Bauern enteignet.

Ein anderer Konfliktherd entsteht durch Anschläge auf christliche Einrichtungen. Schlagzeilen über Israel hinaus machte der Brandanschlag jüdischer Extremisten auf das Kloster der Brotvermehrungskirche in Tabgha. Eine beispiellose Welle der Solidarität von jüdischer Seite erreichte Pater Matthias, den damaligen Prior, den Gabriele Zander kennt. Die Antwort der Justiz war klar und eindeutig: Der Hauptangeklagte wurde zu einer sechsjährigen Haftstrafe verurteilt. „Angriffe auf das Christentum vonseiten jüdischer Extremisten wie von extremistischen Muslimen, dann eher verbal, finden immer wieder statt: Schmährufe, Drohungen, Drängeleien gegen christliche Geistliche, Symbole und Bräuche. Ich bin dankbar, dass es auch andere Juden gibt, die bewusst ein Zeichen setzen, indem sie sich bei bestimmten Festen und Gebeten wie ein Schutzschild vor Christen als auch christliche Einrichtungen stellen."

Gewiss nicht nur wegen der bedrängenden Diasporasituation verlassen palästinensische Christen das Heilige Land, sie sind hervorragend ausgebildet, haben in Israel oder Palästina studiert und bekommen im Ausland gutbezahlte Arbeitsstellen. Vor einigen Jahren lebten noch fünf Prozent in Israel und der Westbank, jetzt sollen es nicht einmal mehr ein Prozent sein, die vor allem griechisch-orthodox sind, einige gehören der katholischen Kirche an, die wenigsten sind evangelisch. Allerdings muss man, wenn man den sinkenden Bevölkerungsanteil der Christen betrachtet, auch beachten, dass die Kinderzahl bei den muslimischen Familien sehr viel höher ist als bei den christlichen, so dass die relative Verringerung der Zahlen nicht nur der Abwanderung geschuldet ist.

Sie meinte vor fünf Jahren, Jerusalem sei ihre Herzensstadt. Was hat sie erneut hergezogen? Von ihrem Arbeitsplatz aus, der Himmelfahrtskirche, hat sie auf der einen Seite den Blick in die Altstadt, sie sieht drei Kuppeln, die helle Kuppel der Hurva-Synagoge, die goldene Kuppel des Felsendoms und die dunkle Kuppel der Grabeskirche, für die Gabriele Zander die Bezeichnung Auferstehungskirche der orthodoxen Christen bevorzugt. Alle drei Kuppeln befinden sich dicht beieinander. „Vielleicht ist es genau das", sagt sie nach einigem Überlegen, „was mich an Jerusalem fasziniert: das Existieren der drei Weltreligionen auf engstem Raum. Sie müssen miteinander auskommen, so kompliziert das manchmal sein mag, so herausfordernd die aktuelle Politik für die eine oder andere Seite mitunter agiert. Juden, Christen, Muslime – alle beziehen sich auf das Heilige Land und Jerusalem, alle haben das gleiche Recht, hier zu sein. Für den Dialog einzutreten, ist eine enorme Aufgabe, der ich mich jedoch gern stelle."

Von der anderen Seite des Geländes auf dem Ölberg geht der Blick bis ins Jordantal, dann weiter in die Judäische Wüste. An besonders klaren Tagen kann sie das Tote Meer, sogar Amman, die Hauptstadt Jordaniens, erkennen. Was für eine Aussicht! Dass ich sie darum zutiefst beneide, ist nur ein Aspekt, ein anderer ist die Erkenntnis, wie klein und im wahrsten Sinn des Wortes überschaubar der Konfliktherd ist, der nicht nur den Nahen Osten seit Jahrzehnten in Atem hält.

Die furchtbaren Anschläge in Frankreich, die Enthauptung des Lehrers Samuel Paty auf offener Straße sowie die tödlichen Messerattacken gegen drei Menschen in der Basilika Notre-Dame in Nizza, werden auch in Israel kommentiert. Gabriele Zander kennt niemanden, der die Attentate rechtfertigt. In der

Zeit des Lockdowns hat sie Arabisch zu lernen begonnen: Wer hier länger lebt, sollte die gebräuchlichsten Sprachen kennen. Ihre palästinensische Lehrerin verurteilt im gleichen Maße wie sie selbst diese Attentate, fragt allerdings, ob man die in *Charlie Hebdo* veröffentlichten Karikaturen, die jeder gläubige Muslim als Beleidigung auffasst, unbedingt in der Schule zeigen müsse.

„Angst, warum?", sagt sie lachend, „es gibt keinen Grund für mich, in Jerusalem Angst zu haben. Ich gehe gern zu Fuß in die Altstadt und bin oft abends spät noch zu Fuß unterwegs. Ich weiß, Israelis in Tel Aviv schlagen die Hände über den Kopf zusammen und rufen: Wie kann man nur nachts durch die Altstadt laufen!"

„Nicht nur die", sage ich. „Als ich das Österreichische Pilger-Hospiz (*eine Oase mitten in der Altstadt* – so die Werbung für das Haus) besuchte und überlegte, dort zu übernachten, verwarf ich kurz entschlossen den Gedanken, weil ich Bedenken hatte, nachts hinauszugehen. Ich hatte schon einmal einen kurzen Abstecher im Dunkeln durch das Viertel gemacht, mir aber vorgenommen, das nicht zu wiederholen. Nun hätte ich mich mit der Dachterrasse begnügen müssen, die zwar phantastisch ist, aber nur als fader Ersatz gelten kann."

„Das Hospiz ist doch nicht weit vom Damaskustor entfernt", erwidert sie mit aufgeräumter Stimme, als wäre damit alles gesagt. „Ich kenne die Straßen und Gassen, ich kenne meine Stadt und weiß, was ich machen darf. Ich fürchte mich nicht."

Gabriele Zander findet nicht nur jetzt Muße zum Lesen, sie widmet sich neben der israelischen ebenso der deutschen und internationalen Literatur. Es gibt sogar einen Literaturkreis, der zur evangelischen Gemeinde gehört, in dem sie zuletzt von Ferdinand von Schirach den Roman *Der Fall Collini* gelesen haben. Sie selbst beschäftigt sich derzeit mit Pascal Merciers *Das Gewicht der Worte*. „Beides tolle Bücher!", stellt sie fest. Sie liest die modernen israelischen Klassiker Amos Oz und David Grossman. „Belletristik auf Ivrit zu lesen, wäre eine gute Übung für mich, aber leider geht mir das zu langsam, so dass ich meistens zu den Übersetzungen greife."

Bei all dem nicht nur jetzt angespannten Alltag genießt sie immer noch das Wetter, das sich Anfang November beständig sonnig und warm zeigt, während es in Deutschland schon den dritten Tag in Folge regnet, nie richtig hell wird. „Es ist wie im Hochsommer in Deutschland, es zieht einen zum Baden ans Meer", sagt sie. „Gestern war ich in Palmachim, einem öffentlichen Strand südlich von Tel Aviv, sehr idyllisch, abgelegen und sogar ausgestattet mit Sonnenschirmen."

„Wenn ich wieder nach Israel kommen kann, Corona ein Wort für uns geworden ist, das seinen Schrecken verloren hat, und wir zurückblicken auf diese Zeit, die wir uns vielleicht gar nicht mehr vorstellen können –"

„Hoffen wir, dass das nicht mehr zu lange auf sich warten lässt", unterbricht sie mich, „und dass wir bald wieder viele Besucher und Besucherinnen hier haben werden."

„Wenn ich nach Jerusalem komme, möchte ich von Ihnen eine Führung durch die Stadt; ich melde mich jetzt schon an. Und bitte beschreiben Sie mir dann den Weg nach Palmachim."

MARKO MARTIN

NEUGIER STATT TREMOLO
Michael G. Fritz als literarischer
Chronist israelischer
Lebenswirklichkeit

Es gibt in Israel einen beliebten Witz, und er geht so: Befindet sich ein ausländischer Autor zum erstmaligen Besuch im Land und wird von einheimischen Journalisten gefragt, wann er denn angekommen sei. „Gestern." Und wie lange er zu bleiben gedenke? „Bis morgen." An was er gerade schreibe? „An einem maßgeblichen Buch über Israel, basierend auf eigener Erfahrung." Nu, aber wie laute der Titel? „Ganz einfach: ‚Israel – gestern, heute, morgen'."

Michael G. Fritz, der vor einigen Jahren zum ersten Mal nach Israel kam, ist *keiner* dieser prätentiösen „Nahost-Experten". Nicht nur, dass er selbstverständlich länger als lediglich drei Tage im Land geblieben war und seither immer wieder zurückgekehrt ist zu weiteren ausgedehnten Aufenthalten – er ist Schriftsteller, kein Künder. Tatsächlich wäre sein Reisebuch mit dem schönen Titel „Meinen Apfelstrudel sollten Sie sich nicht entgehen lassen" auch lesbar als ein Panorama-Roman. Die Protagonisten in diesem klug, das heißt unaufdringlich komponierten Buch sind dabei keine eindimensionalen Thesengestalten, sondern Menschen in ihrer unverwechselbaren Individualität. Und mitunter sogar solche, die den Autor bereits außerhalb von Israel eindringlich sanft hineinziehen in die Lebenswirklichkeit eines ganz besonderen Landes ...

Da ist etwa der junge Schriftsteller Ron Segal, Nachkomme von einst aus Nazideutschland Geflüchteten, der inzwischen in Berlin lebt und schreibt. Da sind alsdann die Sitznachbarn im Flugzeug, die sogleich nach dem Abflug in Berlin-Schönefeld erspüren, dass der Mann auf dem Nebensitz keiner jener Selbst-Verkapselten ist, die sich schon lange vor der Ankunft in Israel ihre eigene Meinung (inklusive Vorurteile) gebildet haben und nun forsch zu sehen begehren, was sie vermeintlich ohnehin längst zu wissen vermeinen. Wahrscheinlich ermutigt von Fritz' Habitus eines freundlich-dezenten Zugewandtseins – dies auch ein sympathischer Kontrast zur Touristen-Pose ostentativ großäugiger Naivität –, rücken sie alsbald näher und erzählen Teile ihrer Lebensgeschichte. Wie zum Beispiel der Schriftsteller Avi Goldberg, geboren 1948 auf Zypern in einem Internierungslager der Briten für illegale jüdische Einwanderer, dessen Sohn mittlerweile in Kreuzberg lebt.

Allerdings ist solches nie vordergründig erbaulich und schon gar keine in *globish* vorgetragene Episode aus dem Leben „digitaler Nomaden" oder wie der zeitgeistlichen Zuschreibungen noch sind. Da es doch keineswegs selbstverständlich ist, als Nachkomme von Schoah-Überlebenden regelmäßig in jenes gegenwärtige Deutschland zu kommen, das womöglich allzu „stolz" darauf ist, „die Vergangenheit aufgearbeitet" zu haben, und sich gerade deshalb häufig nicht entblödet, mit dem auftrumpfenden Spruch „Man wird ja Israel auch mal kritisieren dürfen" erneut in alte Herrenmenschen-Manier zu verfallen, diesmal freilich in pseudo-progressiver Camouflage.

Zwischen Michael G. Fritz und den anderen gibt es indessen

diese unguten Misstöne nicht, weder im Flugzeug noch dann im Land, in Eretz Israel, wo der Autor (und mit ihm wir, als Leser) Zeuge davon wird, wie sich hier ein Beziehungsgeflecht fortsetzt. Bereits in den vierziger Jahren des letzten Jahrhunderts hatte der liberale Religionsphilosoph Schalom Ben-Chorin, 1913 in München geboren als Fritz Rosenthal und 1935 ins damalige Palästina emigriert, in seinem Gedicht „Traumgeographie" beschrieben, was damals freilich nur Utopie sein konnte: „Dass die Fremde heimisch mir geworden / Weist des Traumes lächelnd leise Spur: / Zwischen neuen und verlornen Orten / Spann der Traum nun seine Silberschnur. // Es geschieht nun, dass ich ungehindert / Von Jerusalem nach Schwabing geh ... / Tausend Meilen sind zum Sprung vermindert: / Tel Aviv liegt nah am Tegernsee."

Bamberg indessen als Geburtsort reimt sich zwar nicht auf Jerusalem – und schon gar nicht auf die vorherige Exilstation Ecuador –, doch ist auch der inzwischen hochbetagte Werner M. Loval einer jener Jahrhundertzeugen, in deren Erinnerung zersplitterte Welten erneut verknüpft werden. Woraus dann übrigens Tätigkeit erwächst, hatte Herr Loval doch vor Jahrzehnten in Jerusalem die erste liberale jüdische Gemeinde Israels gegründet, inspiriert vom liberalen Judentum im Deutschland des ausgehenden 18. Jahrhunderts. Bei ihm lernt Michael G. Fritz dann auch eine moderne Rabbinerin kennen – ehe es weitergeht an den See Genezareth, wo Pater Matthias aus Regensburg wirkt. Die Schilderung der Abendandacht mitten in biblischer Landschaft ist eine der eindrucksvollsten Passagen in diesem Buch – auch deshalb, weil angesichts solcher (religiös, säkular oder auch „nur" ästhetisch grundierter) Epiphanie-Erfahrung der Chronist nicht etwa rhetorisch aufdreht, sondern sich im präzisen Beobachten geradezu zurücknimmt, seine Erschütterung eher andeutet.

Ähnliches dann bei einem Rockkonzert in der Negev-Wüste: Einige Erinnerungssplitter an das Ermutigende im Wortsinn freier Rhythmen zu DDR-Zeiten und dann ein Eintauchen in die vom letzten Sonnenlicht illuminierte Welt aus Punk, Indie-Folk und klassischer arabischer Musik. Momente wie diese … Und behalten ihre Sinnlichkeit und Intensität auch deshalb, weil sie nicht als *Beleg* für dieses oder jenes herhalten müssen, schon gar nicht für edel-wohlfeile Überlegungen zum sogenannten „Nahost-Konflikt". Da dieser, zumindest in Gestalt israelisch-palästinensischer Verwerfungen und innerarabischer Konflikte, doch am besten beschreibbar ist anhand persönlicher Erfahrungen – und der Reisende die Erfahrung macht, dass sie tatsächlich *alle* mit ihm reden möchten, um zu erzählen: die junge polyglotte Araberin in Haifa mit ihrer Sehnsucht nach Deutschland ebenso wie der würdige Beduine Abu-Hammad Younis oder die Israel-loyalen Drusen in einem Dorf an der libanesischen Grenze, hinter der ihre Verwandten leben. Und *keiner* von ihnen wird als Zitat-Spender missbraucht, die hochkomplexen, heterogenen Identitäten dieser Menschen bleiben bewahrt, auch in der Beschreibung.

Wie viele Lebensläufe, Widersprüche, Koinzidenzen, womöglich ja auch Inkohärenzen – in den Dörfern und in den Kibbuzim, in Kleinstädten oder in einer Metropole wie Tel Aviv, in der sich der Besucher trotz aller auf ihn einströmenden Sinneseindrücke dennoch nicht allzu fremd fühlt: Schriftsteller und illusionsloser Menschenfreund, der er ist, wird er auch hier auf Geschichten stoßen, die erzählbar sind, ohne sie gewaltsam *auf einen Nenner bringen* zu müssen.

Als „Goi, der keine Ahnung hat", bezeichnet sich der nichtjüdische Autor an einer Stelle, selbstironisch und erwartungsvoll-neugierig, doch wiederum ohne jegliche stilisierende Hoffart. (Da er doch sehr wohl bald Ahnung bekommt von den Tiefenschichtungen Israels und seiner Bewohner.) Was bereits seine Romane auszeichnet, gelingt Michael G. Fritz nun auch in dieser Reiseprosa: ein ziviler, den anderen zugewandter Ton, der es sich erfolgreich zutraut, die Abenteuer unserer menschlichen Existenz ohne pompöses Beiwerk zu beschreiben, sympathisch jenseits von Tremolo und eiferndem Pathos.

Absichtslos ist das freilich nicht. Denn gerade *weil* der Israelreisende weder den eilfertigen Cicerone für Zuhausegebliebene gibt noch die Erfahrung im Land missbraucht für eindimensionale Statements, wirkt dieses Buch derart nach, untergründig und ganz gewiss nicht *hallend*.

Während die publizistischen Schnellschüsse à la „Israel – gestern, heute, morgen" bald wieder Makulatur sind, werden *diese* Begegnungen unvergesslich bleiben.

Berlin, Frühjahr 2022

INHALT

ISRAEL, WARUM AUSGERECHNET ISRAEL?
— 5

1.
JEDER TAG WIE HEUTE
Ron Segal und sein erster Roman
— 11

2.
ISRAEL BEGINNT IN SCHÖNEFELD
Mein Begleiter Yakob Dahan
— 19

3.
EIN FEST FÜR DIE SINNE
Mit Tom Franz auf dem Carmel-Markt
— 29

4.
WILLKOMMEN IM ORIENT
Lärm bedeutet Leben
— 35

5.
VON PFERDEN UND MEERÄSCHEN
Zu Gast im Uri Buri
— 39

6.
ICH LIEBE DAS SELBST-BESTIMMTE LEBEN
Layla Anton: Wo Frauen frei sind
— 44

7.
DAS DEUTSCHE VIERTEL IN HAIFA
Bis hieher hat der Herr geholfen
— 54

8.
TSCHORTKIW IST NICHT WEIT
Neri Lilenfeld-Chanes und
ihr Apfelstrudel
— **57**

9.
DER LANGE WEG
Über Israel nach Jerusalem
— **65**

10.
**ICH BIN ISRAELIN MIT
HERZ UND SEELE**
Mit Lea Fleischmann
auf eine Tasse Kaffee
— **68**

11.
**AUF DER SUCHE NACH
GEFILTE FISCH**
Tag und Nacht in Jerusalem
— **75**

12.
**DIE GESCHICHTE EINES
GEBÄUDES**
An der Bar im King David Hotel
— **80**

13.
**DIE LIBERALE JÜDISCHE
GEMEINDE**
Mit Leah in der Jerusalemer
Synagoge
— **85**

14.
IM DRUSENDORF ISFIYA
Zu Gast bei Jihad Kabalan
— **90**

15.
**ALS MÄRTYRER WERDE ICH
HIER NICHT STERBEN**
Pater Matthias in der
Brotvermehrungskirche
— **95**

16.
TILAPIA GALILEA – DER PETRUSFISCH
Samstagabend am See Genezareth
— **100**

17.
DIE STADT MARIA MAGDALENAS
Wilfried Schroths große Aufgabe
— **103**

18.
NENN MICH NICHT SUCHOI
Der Schriftsteller Avi Goldberg
— **109**

19.
TEL AVIV – DIE BEWEGTE METROPOLE
Leah sagt: Savlanut
— **117**

20.
ZU GAST BEI DER BERÜHMTEN SÄNGERIN
Tzlil Danin in Jaffa
— **123**

21.
DIE HOLLÄNDERIN IM KIBBUZ
Marlis van Gaalen-Levy
— **128**

22.
DAS LEBEN IM KIBBUZ – FORTSETZUNG
Wenn der Bademeister kommt
— **133**

23.
BACK TO THE ROOTS
Mit Amber Ra auf der InDNegev
— **136**

24.
DAS MUSIKFESTIVAL IN DER WÜSTE
Lechaim heißt Prost
— **140**

25.
ZWEI DEUTSCHE IN ISRAEL
Ronni Boiko und Jossi Reich
— **144**

26.
DIE BEWEGTE METROPOLE II
Tel Aviv schläft nie
— **148**

27.
WEIHNACHTEN IN ISRAEL
Schweinebraten zum Fest
— **152**

28.
WIR FEIERN CHANUKKA
Der Beduine und die Wüste
— **155**

29.
WIE ALLEINSTEHENDE FRAUEN LEBEN
Ulrike aus Deutschland
— **160**

30.
YALLAH, YALLAH.
Stachelschweine kann man essen
— **165**

31.
DER TRAUM VON DER WÜSTE
Arthur du Mosch
— **169**

32.
DEUTSCHES INTERMEZZO UND NEUER ANLAUF
Mein Nachbar Boaz – Boris
— **175**

33.
MIT DEM KOFFER AUS AUSCHWITZ ZUM STUDIUM NACH DEUTSCHLAND
Der renommierte Komponist Yuval Shaked
— **181**

34.
DIE ANDERE SEITE DER STADT
Sobald man den falschen Ausgang wählt
— **189**

35.
IM JUDÄISCHEN BERGLAND
Shay Zeltzer: die Verlockungen des Ziegenkäses
— **194**

36.
TATJANA, TANJA, TANJUSCHKA
Russland in Tel Aviv
— **201**

37.
VON MARSA ALAM DURCHS ROTE MEER NACH KANAAN
Ramses II und die Nähe zu Moses
— **208**

38.
MEIN ZUHAUSE IST, WO ICH BIN. JETZT BIN ICH IN JERUSALEM.
Ein Telefongespräch mit Gabriele Zander
— **212**

Marko Martin
NEUGIER STATT TREMOLO
Michael G. Fritz als literarischer Chronist israelischer Lebenswirklichkeit
— **222**